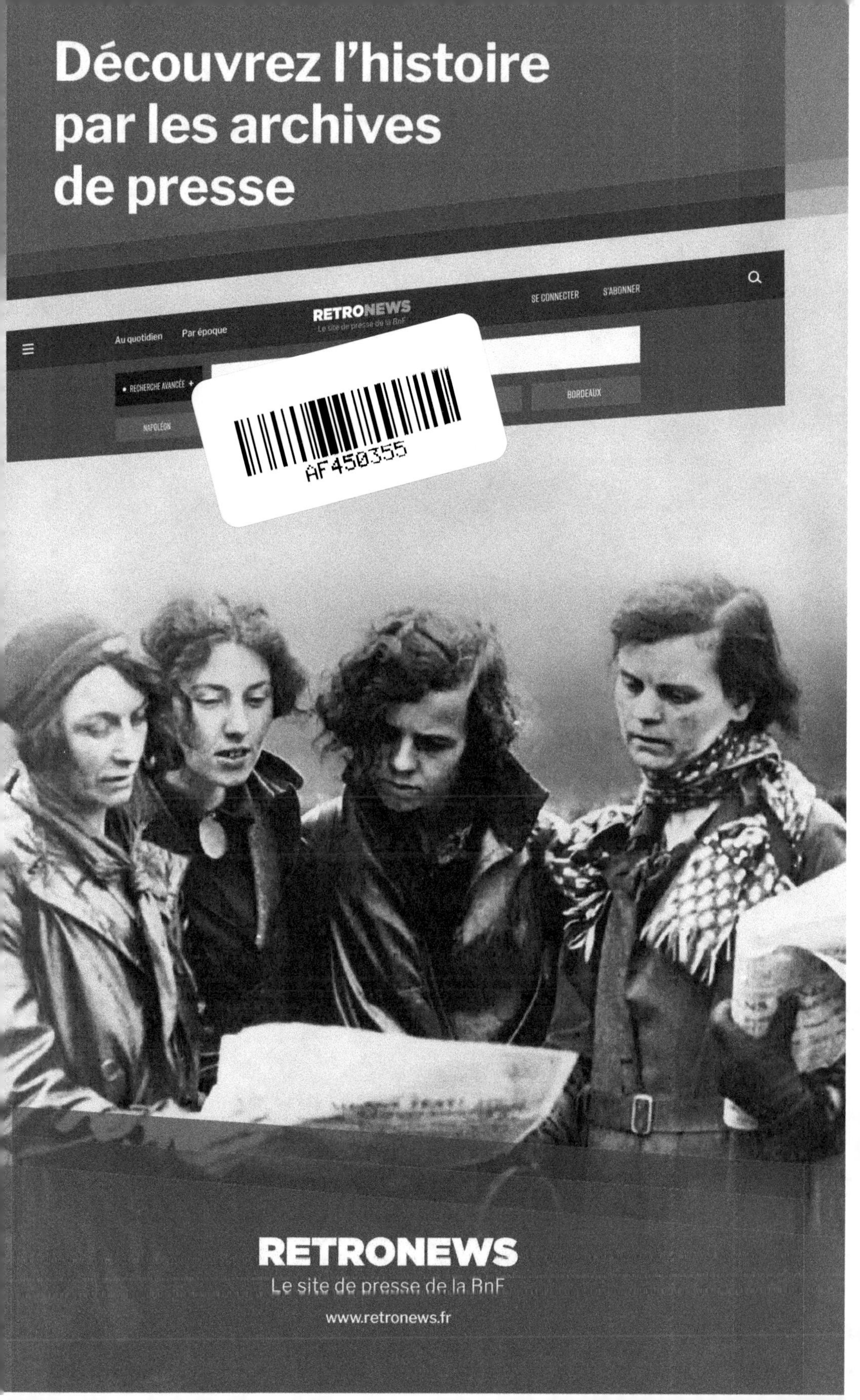

Découvrez l'histoire par les archives de presse

RETRONEWS

Le site de presse de la BnF

www.retronews.fr

ALMANACH

DES

VIEUX SECRETS

ET DES

ANCIENNES RECETTES

PAR

UN CHERCHEUR OBSTINÉ

1878

PARIS

Chez STRAUSS, 5, rue du Croissant

ALMANACH

DES

VIEUX SECRETS

ET DES

ANCIENNES RECETTES

Par un Chercheur obstiné

1878

PARIS

Chez STRAUSS, 5, rue du Croissant

—

1878

DISCOURS DU CHERCHEUR AU PUBLIC CURIEUX

Voici un sujet inépuisable et intéressant pour tous, sinon utile pour chacun.

Depuis longtemps, on a cherché des petits moyens de prévenir les accidents, d'adoucir les maux, de combattre certains inconvénients, en un mot d'améliorer toutes choses. De cette nécessité bien naturelle, il est résulté des millions de recettes plus ou moins sérieuses, plus ou moins singulières, plus ou moins compliquées,.... Autrefois, tout homme sachant écrire avait son petit cahier de secrets, comme on appelait les recettes d'alors. Elles ont été s'éparpillant et se transformant avec les siècles; on en trouve un peu partout, dans la mémoire de nos grand'mères comme chez les bonnes gens de campagne, dans les vieux bouquins comme dans les revues scientifiques modernes, dans les manuscrits du temps passé comme dans les almanachs du jour de l'an. Mais on ne les possède nulle part réunies ensemble pour la commodité du chercheur.

C'est à cette réunion que l'auteur travaillera pour vous chaque année. L'heure est venue de vous en faire profiter, ami lecteur; sous vos yeux vont défiler les secrets connus ou inconnus de chaque âge et de chaque pays. J'en ai pris fidèle copie, je dirai autant que possible en quel temps ils ont paru. Il est bien entendu que, pour le reste, je ne les garantis pas plus que le Gouvernement ne garantit les inventions brevetées.

On peut dire des recettes ce qu'on a dit des poésies: beaucoup de mauvaises, assez de médiocres, peu de bonnes. — Je ne choisirai pas; libre à chacun de comparer et d'expérimenter à sa fantaisie. Que l'expérience réussisse ou non, je serai heureux de l'apprendre, et, si on trouve mieux, bravo! je serai plus heureux encore de le savoir pour le publier l'année prochaine dans l'intérêt général.

LE CHERCHEUR.

LES SECRETS DU MOIS

En regard du calendrier du mois, je placerai chaque année un choix des dictons prophétiques qui avaient et qui ont encore cours dans nos campagnes. Le paysan a toujours été bon observateur et ses remarques ne sont point à dédaigner. Comme elles s'appliquent à des pays situés dans des conditions toutes différentes, j'ai indiqué avec soin la province ou le département. Comme cela, les gens du Midi n'auront pas à s'étonner des pronostics du Nord, et réciproquement.

Le lecteur est ici bien prié de méditer cet

AVIS ESSENTIEL

Presque tous les pronostics du temps qu'on va trouver ici *ne doivent plus être pris en considération que dix jours après leur date*. Ainsi au lieu de : *s'il pleut le jour de la Saint-Médard, il pleuvra quarante jours*, on devrait dire *s'il pleut dix jours après la Saint-Médard, il pleuvra quarante jours*.

Et en voici la raison :

Sous le pontificat du pape Grégoire XIII, on jugea nécessaire de réformer le calendrier en supprimant dix jours de l'année. De sorte que le 5 octobre 1582, d'un commun accord, toute la chrétienté data du 15 au lieu du 5.

Depuis, tous nos vieux pronostics se trouvèrent donc, par le fait, en avance de ces dix jours. On essaya bien de les remplacer par d'autres, mais les nouveaux ne réussirent pas à détrôner les anciens. Qu'on en tienne bonne note !

JANVIER *(Les jours croissent de 1 h. 6 m.)*

1 mar.	Circoncision.
2 mer.	s Macaire, ab.
3 jeudi	s^te Geneviève.
4 ven.	s Rigobert.
5 sam.	s^te Amélie.
6 Dim.	Épiphanie.
7 lun.	s^te Gudule.
8 mar.	s Lucien.
9 mer.	s Julien.
10 jeudi	s Guillaume.
11 ven.	s^te Hortense.
12 sam.	s^te Césarine.
13 Dim.	*Baptême de N. S.*
14 lun.	s Hilaire, évêq.
15 mar.	s Paul, ermite.
16 mer.	s Marcel.
17 jeudi	s Antoine.
18 ven.	Ch. s Pierre à R.
19 sam.	s Sulpice.
20 Dim.	s Sébastien.
21 lun.	s^te Agnès v. et m
22 mar.	s Vincent.
23 mer.	s Raymond de P.
24 jeudi	s Timothée.
25 ven.	*Conv. de S. Paul.*
26 sam.	s Polycarpe, év.
27 Dim.	s Jean Chrysost.
28 lun.	s Cyrille.
29 mar.	s François de S.
30 mer.	s^te Martine.
31 jeudi	s Pierre Nolasq.

SECRETS DE JANVIER

TOURAINE

Mieux vaut voir voleur au grenier
Qu'homme en chemise en janvier.

CHAMPAGNE

Le vent du jour de l'an
Existe moitié de l'an.

PICARDIE

Beau jour de l'an,
Beau mois d'août.

FRANCHE-COMTÉ

Quand le soleil luit aux Rois,
Le chanvre croit sur les toits

BÉARN, PICARDIE, BRETAGNE

Les 12 premiers jours de janvier
Indiquent le temps des 12 mois de l'année.

LORRAINE, CHAMPAGNE

Quand soleil luit à la Saint-Vincent,
Le vin monte au sarment.

BOURGOGNE

Prends garde au jour de saint Vincent!
Car si ce jour tu vois et sens
Que le soleil est clair et beau,
Nous aurons plus de vin que d'eau.

N. L., le 3, à 2 h. 12^m soir. | Pl. L., le 19, à 0 h. 20^m mat.
P. Q., le 11, à 6 h. 56^m soir. | D. Q., le 25, à 3 h. 59^m soir.

FÉVRIER *(Les jours croissent de 1 h. 33 m.)*

1	ven.	s Ignace, év.
2	sam.	PURIFICATION.
3	Dim.	s Blaise.
4	lun.	ste Jeanne de V.
5	mar.	ste Agathe.
6	mer.	ste Dorothée.
7	jeudi	s Romuald.
8	ven.	s Jean de Math.
9	sam.	ste Apolline.
10	Dim.	ste Scolastique.
11	lun.	s Séverin, abbé.
12	mar.	ste Eulalie.
13	mer.	s Canut.
14	jeudi	ste Mathilde.
15	ven.	s Faustin.
16	sam.	ste Julienne.
17	Dim.	*Septuagésime.*
18	lun.	s Siméon.
19	mar.	s Barbat.
20	mer.	s Eucher.
21	jeudi	ste Vitaline.
22	ven.	Ch. s. Pier. à A.
23	sam.	s Pierre Damie.
24	Dim.	*Sexagésime.*
25	lun.	s Césaire.
26	mar.	s Porphyre.
27	mer.	ste Honorine.
28	jeudi	s Romain.

SECRETS DE FÉVRIER

LANGUEDOC

Quand soleil de Chandeleur
fait lanterne,
Quarante jours après il hi-
verne.

NORMANDIE

Quand soleil luit à Chan-
deleur, croyez
Qu'encore un hiver vous
aurez.

GASCOGNE

Quand pour sainte Agathe il
pleut,
Le maïs croît sur les pierres.

LORRAINE

Quand saint Mathias trouve
de la glace, il la casse ;
Quand il n'en trouve pas, il
faut qu'il en fasse.

BORDELAIS

Quand il tonne en février,
Montez vos tonneaux au grenier.

TOUTE LA FRANCE

Neige de février
Vaut jus de fumier.

PROVENCE

Vaut autant loup dans un
troupeau
Que le mois de février beau.

N. L., le 2, à 8 h. 26m mat. | Pl. L., le 17, à 11 h. 26m mat.
P. Q., le 10, à 1 h. 26m soir. | D. Q., le 24, à 3 h. 22m mat.

MARS *(Les jours croissent de 1 h. 50 m.)*

1	ven.	s Aubin.
2	sam.	s Simplice.
3	Dim.	*Quinquagésime.*
4	lun.	s Casimir.
5	mar.	*Mardi gras.*
6	mer.	CENDRES.
7	jeudi	s Thomas d'Aq.
8	ven.	s Jean de Dieu.
9	sam.	ste Françoise.
10	Dim.	*Quadragésime.*
11	lun.	40 Martyrs.
12	mar.	s Grégoire le Gr.
13	mer.	ste Euphras. Q T
14	jeudi	ste Mathilde.
15	ven.	s Zacharie.
16	sam.	s Abraham.
17	Dim.	*Reminiscere.*
18	lun.	s Gabriel.
19	mar.	s Joseph.
20	mer.	s Guibert.
21	jeudi	*Mi-Carême.*
22	ven.	ste Léa.
23	sam.	s Victorien.
24	Dim.	*Oculi.*
25	lun.	*Annonciation.*
26	mar.	s Emmanuel.
27	mer.	ste Lydie.
28	jeudi	ste Jeanne de M.
29	ven.	ste Eustasie.
30	sam.	s Rieul.
31	Dim.	*Lætare.*

SECRETS DE MARS

BRETAGNE

Si mars trouve les fossés
pleins, il les sèche ;
S'il les trouve vides, il faut
qu'il les remplisse.

NORMANDIE

Pique tes melons en mars,
mé (moi) en mai ;
Et j'en aurai ben avant té
(toi).

BRESSE

Neige de mars est fumier
sur les prés.

ROUERGUE

Fleur en mars,
Guère de fruits ne mangeras.

SAINTONGE

Les cultivateurs aiment
mieux rencontrer un loup
en chemin qu'une femme
nu-bras au mois de mars.

ILE-DE-FRANCE, CHAMPAGNE

S'il fait froid à la Notre-
Dame de mars, le froid du-
rera encore dix-huit jours.

TOUTE LA FRANCE DU NORD

Quand mars fait l'avril,
Avril fait le mars.
Autant de brouillards en
mars,
Autant de gelées en mai.

N. L., le 4, à 3 h. 27ᵐ mat. | Pl. L., le 18, à 9 h. 16ᵐ soir.
P. Q., le 12, à 4 h. 10ᵐ mat. | D. Q., le 25, à 4 h. 59ᵐ soir.

AVRIL *(Les jours croissent de 1 h. 43 m.)*

1	lun.	s Hugues.
2	mar.	s Franç. de Pa.
3	mer.	s^te Marie Égypt.
4	jeudi	s Isidore.
5	ven.	s Vincent Ferr.
6	sam.	s Célestin.
7	DIM.	La PASSION.
8	lun.	s Gauthier.
9	mar.	s Chrétien.
10	mer.	s Macaire, arch.
11	jeudi	s Léon le Grand
12	ven.	s Jules.
13	sam.	s^te Herménégil.
14	DIM.	Les RAMEAUX.
15	lun.	s^te Anastasie.
16	mar.	s Fructueux.
17	mer.	s Anicet.
18	jeudi	s Parfait.
19	ven.	*Vendredi saint.*
20	sam.	s^te Emma.
21	DIM.	PAQUES.
22	lun.	ss Soter et Caïus
23	mar.	s Georges.
24	mer.	s Fidèle.
25	jeudi	s Marc, évang.
26	ven.	s Clet.
27	sam.	s Anthime.
28	DIM.	*Quasimodo.*
29	lun.	s Pierre, Mart.
30	mar.	s^te Cather. de S.

SECRETS D'AVRIL

BOURGOGNE, LORRAINE, PROVENCE

Quand il tonne en avril,
Vendangeurs, préparez vos barils

POITOU

Pluie d'avril
Remplit grange et fenil.

ROUERGUE

Pluie d'avril,
Sécheresse d'été.

BOURGOGNE

En avril nuées,
En mai rosées.

GARD

Quand la pluie d'avril ferait crier au monde entier : tout est perdu ! il n'aurait pas encore trop plu.

FRANCHE-COMTÉ

Sombre avril,
Sombre joli.

TOUTE LA FRANCE

En avril ne quitte pas un fil,
Au mois de mai fais comme il te plaît.

ARIÉGE

Si tu as un mauvais tison,
garde-le pour avril.

N. L., le 2, à 9 h. 24^m soir. | Pl. L., le 17, à 6 h. 7^m mat.
P. Q., le 10, à 3 h. 4^m soir. | D. Q., le 24, à 8 h. 42^m mat.

MAI *(Les jours croissent de 1 h. 18 m.)*

1 mer.	ss Philippe et J.	**SECRETS DE MAI**
2 jeudi	s Athanase.	
3 ven.	Inv. s^te C.	FRANCHE-COMTÉ
4 sam.	s^te Monique.	Quand il pleut le premier
5 Dim.	s Pie V.	jour de mai
6 lun.	s Jean Porte L.	Les vaches perdent moitié
7 mar.	s Stanislas.	de leur lait.
8 mer.	s Désiré.	FOREZ
9 jeudi	s Grégoire de N.	Saint Mamert, saint Servais
10 ven.	s Antonin.	et saint Pancrace,
11 sam.	ss Achille et Né.	Sont toujours de vrais
12 Dim.	ste Flavie.	saints de glace.
13 lun.	s Servais.	TOUTE LA FRANCE DU NORD
14 mar.	s Pacôme.	S'il fait beau aux Rogations,
15 mer.	s^te Delphine.	Le premier jour, il fera beau
16 jeudi	s Jean Nep.	pour les fauchaisons,
17 ven.	s Pascal.	Le deuxième jour pour la
18 sam.	s Venant.	moisson,
19 Dim.	s^te Pudentienne.	Le troisième jour pendant
20 lun.	s Bernardin.	les vendanges.
21 mar.	s^te Virginie.	TOUTE LA FRANCE DU NORD
22 mer.	s^te Julie.	Frais mai, chaud juin.
23 jeudi	s Didier.	Amènent pain et vin.
24 ven.	*N.-D. Auxiliatr.*	BRETAGNE
25 sam.	s Urbain.	Lorsqu'il pleut le 5 mai, il
26 Dim.	s Philippe de N.	n'y a pas de noix.
27 lun.	*Rogations.*	PROVENCE
28 mar.	s Germain.	Si mai est froid, il mois-
29 mer.	s Maximin.	sonne tout.
30 jeudi	ASCENSION.	ROUERGUE
31 ven.	s^te Angèle de M.	Mai fait le blé, Et juin le foin.

N. L., le 2, à 1 h. 0^m soir. | Pl. L., le 16, à 2 h. 41^m soir.
P. Q., le 9, à 10 h. 42 soir. | D. Q., le 24, à 1 h. 51^m mat.

JUIN *(Les jours croissent de 20 m.)*

1 sam.	s Pamphile.	
2 Dim.	s Marcellin.	
3 lun.	ste Clotilde.	
4 mar.	s François Car.	
5 mer.	s Boniface.	
6 jeudi	s Norbert.	
7 ven.	s Claude.	
8 sam.	s Médard.	
9 Dim.	PENTECOTE.	
10 lun.	s Landry.	
11 mar.	s Barnabé.	
12 mer.	s Nabor. Q. T.	
13 jeudi	s Antoine de P.	
14 ven.	s Basile.	
15 sam.	ste Germaine C.	
16 Dim.	TRINITÉ.	
17 lun.	s Aurélien.	
18 mar.	ste Marine.	
19 mer.	s Gervais, s Pro.	
20 jeudi	FÊTE-DIEU.	
21 ven.	s Louis de Gonz.	
22 sam.	s Paulin.	
23 Dim.	ste Ethelrède.	
24 lun.	*Nativité de s J.-B.*	
25 mar.	s Guillaume, ab.	
26 mer.	ss Jean et Paul.	
27 jeudi	s Ladislas.	
28 ven.	*Fête du S.-Cœur.*	
29 sam.	*ss Pierre et Paul.*	
30 Dim.	Com. de s Paul.	

SECRETS DE JUIN

CHAMPAGNE, PICARDIE

S'il pleut le jour de st Médard,
Le tiers des biens est au hasard.

PAYS CHARTRAIN, ORLÉANAIS, BORDELAIS

Quand il pleut le jour de saint Médard,
Le quart des biens est au hasard.

TOUTE LA FRANCE

S'il pleut à la Saint-Médard,
Il pleut quarante jours plus tard,
Mais s'il fait beau à la Saint-Barnabé
Celui-ci lui casse le nez.

CHAMPAGNE

Saint Médard,
Planteur de choux, mangeur de lard.

MAYENNE

Pluie de saint Jean
Dure longtemps.

DOUBS

La pluie de la saint Jean
Enlève noisettes et glands.

VOSGES

A la Saint-Jean verjus pendant,
Argent comptant.

N. L., le 1er, à 1 h. 57m mat. | Pl. L., le 15, à 0 h. 0m mat.
P. Q., le 8, à 4 h. 4m mat. | D. Q., le 22, à 7 h. 24m soir.
N. L., le 30, à 0 h. 40m soir.

JUILLET *(Les jours diminuent de 1 h.)*

1	lun.	s Thierry.
2	mar.	*Visitat. de N. D.*
3	mer.	s Anatole.
4	jeudi	s^te^ Berthe.
5	ven.	s^te^ Zoé.
6	sam.	s Tranquille.
7	Dim.	s Procope.
8	lun.	s^te^ Elisabeth, r.
9	mar.	s Ephrem.
10	mer.	s^te^ Félicité.
11	jeudi	s Pie Ier.
12	ven.	s Jean Gualbert
13	sam.	s Eugène.
14	Dim.	s Bonaventure.
15	lun.	s Henri.
16	mar.	N. D. du Carmel
17	mer.	s Alexis.
18	jeudi	s Camille.
19	ven.	s Vincent de P.
20	sam.	s^te^ Marguerite.
21	Dim.	s Victor.
22	lun.	s^te^ Madeleine.
23	mar.	s Apollinaire.
24	mer.	s^te^ Christine, v.
25	jeudi	s Jacques le M.
26	ven.	s^te^ Anne.
27	sam.	s Pantaléon.
28	Dim.	s Nazaire.
29	lun.	s^te^ Marthe.
30	mar.	s Ignace de L.
31	mer.	s Germain d'A.

SECRETS DE JUILLET

CHAMPAGNE

S'il pleut à saint Martin
bouillant
Il pleut six semaines du-
rant.

NORMANDIE

S'il pleut le jour de saint
Benoît
Il pleuvra 37 jours plus
trois.

MAINE

Quand il pleut à la Saint-
Calais,
Il pleut 40 jours après.

ALPES

S'il pleut le jour de saint
Victor,
La récolte n'est pas d'or.

LANGUEDOC

A la Madeleine
La noix est pleine,
Le raisin tourné,
Le blé enfermé.

EURE

Les 7 dormants (27 juillet)
Remettent le temps.

ALSACE

S'il pleut le premier jour
de la canicule, il pleuvra
six semaines.

P. Q., le 7, à 8 h. 29^m^ mat. | D. Q., le 22, à 0 h. 25^m^ soir.
Pl. L., le 14, à 11 h. 4^m^ mat. | N. L., le 29, à 9 h. 50^m^ soir.

AOUT *(Les jours diminuent de 1 h. 38 m.)*

1	jeudi	s Pierre ès liens
2	ven.	s Alphonse.
3	sam.	Inv. s Etienne.
4	Dim.	s Dominique.
5	lun.	*N. D. des Neiges.*
6	mar.	Transfig. de J-C.
7	mer.	s Gaëtan.
8	jeudi	s Cyriaque.
9	ven.	s Justin.
10	sam.	s Laurent.
11	Dim.	ste Susanne.
12	lun.	ste Claire.
13	mar.	s Hippolyte.
14	mer.	s Eusèbe. V. j.
15	jeudi	ASSOMPTION.
16	ven.	s Roch.
17	sam.	s Mammès.
18	Dim.	ste Hélène.
19	lun.	s Louis.
20	mar.	s Bernard.
21	mer.	ste Jeanne Chan.
22	jeudi	s Symphorien.
23	ven.	s Philippe Beniti
24	sam.	s Barthélemy.
25	Dim.	s Louis, roi.
26	lun.	s Zéphyrin.
27	mar.	s Joseph Calan.
28	mer.	s Augustin.
29	jeudi	Déc. de s. J.-B.
30	ven.	ste Rose de Lima
31	sam.	s Raymond Non.

SECRETS D'AOUT

BOURGOGNE

Pluie d'Août
Donne miel et bon moût.

BRETAGNE

Quand il pleut le 1er août, les noisettes sont piquées des vers.

CORRÈZE

Quand il pleut le 1er août, c'est signe qu'il n'y aura pas de regain.

LYONNAIS

S'il pleut à la St-Laurent,
La pluie vient à temps ;
Mais à la Saint-Barthélemy,
Chacun en fait fi.

PROVENCE

Tonnerre au mois d'août,
Beaucoup de grappes et bon moût.

NORMANDIE

Au mois d'août
Le vent est fou.

VENDÉE

Brouillards d'août emportent les châtaignes.

P. Q., le 5, à 1 h. 29m soir. | D. Q., le 21, à 4 h. 17m mat.
Pl. L., le 13, à 0 h. 25m mat. | N. L., le 28, à 6 h. 9m mat.

SEPTEMBRE *(Les jours dim. de 1 h. 44 m.)*

1	Dim.	s Leu et s Gilles
2	lun.	s Etienne, roi.
3	mar.	s Lazare.
4	mer.	ste Rosalie.
5	jeudi	s Laurent Just.
6	ven.	ste Reine.
7	sam.	s Cloud.
8	Dim.	*Nativité de N. D.*
9	lun.	s Omer, év.
10	mar.	s Nicolas Tolent
11	mer.	s Hyacinthe.
12	jeudi	ste Pulchérie.
13	ven.	s Aimé.
14	sam.	*Exalt. de la Croix*
15	Dim.	s Nicomède.
16	lun.	ss Corn. et Cyp.
17	mar.	Stig. de s Franç.
18	mer.	s Joseph C. Q. T.
19	jeudi	s Janvier.
20	ven.	s Eustache.
21	sam.	s Matthieu.
22	Dim.	s Maurice.
23	lun.	s Lin.
24	mar.	*N. D. de la Merci*
25	mer.	s Firmin.
26	jeudi	ste Justine.
27	ven.	ss. Côme et Dam
28	sam.	s Wenceslas.
29	Dim.	s Michel, arch.
30	lun.	s Jérôme.

SECRETS DE SEPTEMBRE

LORRAINE

Regarde bien, si tu me crois,
Le lendemain de sainte Croix :
Si nous avons temps serein,
Abondance de tous biens ;
Mais si le temps est pluvieux,
Nous aurons an infruçtueux.

ALPES

Qui n'a pas semé à la Croix,
Pour un grain en mette trois.

PICARDIE

Saint Lambert pluvieux,
Neuf jours dangereux.

BOURGOGNE

Au 7 septembre sème ton blé,
Car ce jour vaut du fumier.
Sème tes blés à la Saint-Maurice,
Tu en auras à ton caprice.

PROVENCE

Quand la cigale chante en septembre,
N'achète pas de blé pour le revendre.

P. Q., le 3, à 8 h. 35m soir. | D. Q., le 19, à 6 h. 39m soir.
Pl. L., le 11, à 3 h. 59m soir. | N. L., le 26, à 2 h. 20m soir.

OCTOBRE *(Les jours dimin. de 1 h. 45 m.)*

1	mar.	s Remi.
2	mer.	ss Anges gard.
3	jeudi	s Denis l'Aréop.
4	ven.	s Franc. d'As.
5	sam.	s Placide.
6	Dim.	s Bruno.
7	lun.	s Serge, s^{te} Bacq
8	mar.	s^{te} Brigitte.
9	mer.	s Denis, év.
10	jeudi	s Franc. Borgia
11	ven.	s Nicaise.
12	sam.	s Vilfrid.
13	Dim.	s Edouard.
14	lun.	s Calixte.
15	mar.	s^{te} Thérèse.
16	mer.	s Léopold.
17	jeudi	s^{te} Hedwige.
18	ven.	s Luc, évang.
19	sam.	s Pierre d'Alcan
20	Dim.	s Jean Cantius.
21	lun.	s^{te} Ursule.
22	mar.	s Mellon.
23	mer.	s Rédempteur.
24	jeudi	s Raphaël.
25	ven.	s Crépin, s Crép
26	sam.	s Évariste.
27	Dim.	s Frumence.
28	lun.	s Simon, s Jude.
29	mar.	s Narcisse.
30	mer.	s Lucain.
31	jeudi	s Quentin. V. j.

SECRETS D'OCTOBRE

BEAUCE

A la Saint-Denis,
La bonne semerie.

BRETAGNE

Où le vent couche à la St-
Denis,
Il y reste les trois quarts
de l'année.

NORMANDIE

Le jour de Saint Denis,
Le vent se marie à minuit.

BERRI

Temps clair à la Saint-
Denis,
Hiver rigoureux.

ALPES

Entre St Denis et St Fran-
çois,
Prends ta vendange telle
qu'elle est.

PROVENCE

A la Saint-Luc, il faut semer,
Que la terre soit molle ou
dure.

**CHAMPAGNE,
FRANCHE-COMTÉ, PICARDIE**

A la Saint-Simon,
Une mouche vaut un pigeon.

P. Q., le 3, à 7 h. 30^m mat. | D. Q., le 19, à 7 h. 19^m mat.
Pl. L., le 11, à 2 h. 4^m mat. | N. L., le 25, à 11 h. 8^m soir.

NOVEMBRE *(Les jours dim. de 1 h. 20 m.)*

1 ven.	TOUSSAINT.	
2 sam.	Les *Trépassés*.	
3 DIM.	s Marcel.	
4 lun.	s Charles Borr.	
5 mar.	s^te Bertilde.	
6 mer.	s Léonard.	
7 jeudi	s Ernest.	
8 ven.	Les 4 Couronnés	
9 sam.	s Théodore.	
10 DIM.	s André Avellin	
11 lun.	s Martin.	
12 mar.	s René, év.	
13 mer.	s Didace.	
14 jeudi	s Stanislas Kots.	
15 ven.	s^te Gertrude.	
16 sam.	s Edmond.	
17 DIM.	s Grégoire Thau	
18 lun.	s Eudes.	
19 mar.	s^te Élisabeth.	
20 mer.	s Félix de Valois	
21 jeudi	*Présent. de N. D.*	
22 ven.	s^te Cécile.	
23 sam.	s Clément.	
24 DIM.	s Jean de la Cr.	
25 lun.	s^te Catherine.	
26 mar.	s^te Geneviève.	
27 mer.	s Maxime.	
28 jeudi	s Sosthène.	
29 ven.	s Saturnin.	
30 sam.	s André.	

SECRETS DE NOVEMBRE

NORMANDIE

Autant d'heures de soleil à la Toussaint,
Autant de semaines à souffler dans ses mains.

BEAUCE

A la Toussaint :
Blés semés,
Fruits serrés.

BRESSE

Telle Toussaint, telle Noël.

BRETAGNE

Quelle Toussaint, quel Noël,
Pâques au pareil.

LORRAINE

Pleine lune à la Saint-Martin donne abondance de neige ;
En son croissant, c'est signe d'hiver pluvieux.

BRESSE

Si l'hiver va son chemin,
Il commence à la St-Martin.

BÉARN

Entre Toussaint et Noël,
il ne peut ni trop pleuvoir,
ni trop venter.

ARDENNES

A la Sainte-Catherine,
Tout bois prend racine.

P. Q., le 1er, à 10 h. 6m soir.
Pl. L., le 10, à 2 h. 43m mat.
D. Q., le 17, à 6 h. 7m soir.
N. L., le 24, à 9 h. 20m mat.

DÉCEMBRE *(Les jours dimin. de 27 m.)*

1	Dim.	Avent.
2	lun.	s^{te} Bibiane.
3	mar.	s Franc. Xavier
4	mer.	s^{te} Barbe.
5	jeudi	s Sabas, abbé.
6	ven.	s Nicolas.
7	sam.	s Ambroise.
8	Dim.	*Conception.*
9	lun.	s^{te} Léocadie.
10	mar.	*N. D. de Lorette.*
11	mer.	s Damase.
12	jeudi	s Valery.
13	ven.	s^{te} Lucie.
14	sam.	s Nicaise.
15	Dim.	s Mesmin.
16	lun.	s^{te} Adélaïde.
17	mar.	s^{te} Olympe.
18	mer.	s Gatien. Q. T.
19	jeudi	s Meurice.
20	ven.	s Philogone.
21	sam.	s Thomas.
22	Dim.	s Honorat.
23	lun.	s^{te} Victoire.
24	mar.	s^{te} Delphine. V.J
25	mer.	NOEL.
26	jeudi	s Étienne.
27	ven.	s Jean, ap.
28	sam.	Les ss Innocents
29	Dim.	s Thomas de C.
30	lun.	s^{te} Colombe.
31	mar.	s Sylvestre.

SECRETS DE DÉCEMBRE

LORRAINE

Quand les Avents sont secs, l'année sera abondant.

VIVARAIS

A Noël, monte sur le clocher, si tu vois les blés beaux : peu de pain et beaucoup de paille ; si tu les vois peu apparents : peu de paille et beaucoup de pain.

GASCOGNE

Gelée à Noël, grain dans l'aire.

BRETAGNE

Chaleur à Noël, glace à Pâques.

PÉRIGORD, BORDELAIS, BÉARN

Quand tu prends à Noël le soleil,
A Pâques tu te rôtis l'orteil.

FRANCHE-COMTÉ, LORRAINE, PICARDIE

Claire nuit de Noël,
Claires javelles.

BRETAGNE

Pleine lune le jour de Noël, cherté. Vends ta jument et achète du grain.

P. Q., le 1er, à 4 h. 47m soir. | D. Q., le 17, à 3 h. 13m mat.
P. L., le 9, à 7 h. 59m soir. | N. L., le 23, à 9 h. 34m soir.
P. Q., le 31, à 2 h. 6m soir.

VIEUX SECRETS

ET

ANCIENNES RECETTES

LES

36 GUÉRISSEURS DE LA RAGE

Commençons par rappeler les instructions spéciales du conseil de salubrité.

« Toute personne mordue par un animal enragé, ou soupçonné comme tel, devra à l'instant même presser sa blessure dans tous les sens, afin d'en faire sortir le sang et la bave.

« On lavera ensuite cette blessure soit avec de l'alcali volatil étendu d'eau, soit avec de l'eau de lessive, ou de l'eau de chaux, de savon, de l'eau salée, et à défaut avec de l'eau pure ou même avec de l'urine.

« On fera ensuite chauffer *à blanc* un morceau de fer que l'on appliquera profondément sur sa blessure. »

Toutes nos autres prescriptions, disons-le

bien, sont données à titre de renseignements, de simples curiosités. Non-seulement je ne les garantis pas, mais je crois que l'essai de plusieurs ne serait pas sans danger. Avant de passer la revue de nos trente-six guérisseurs, il convient de jeter un coup d'œil sur ceux qui les ont précédés dans l'antiquité et au moyen âge.

LES GUÉRISSEURS DE LA RAGE

DANS L'ANTIQUITÉ

Dès les temps les plus anciens, on donnait quelque préférence à la méthode imposée par l'instruction officielle de notre temps. On va retrouver la pression et la cautérisation dans cette revue rapide des prescriptions principales.

Ainsi, Celse et Galien sont d'avis qu'on fasse des ligatures assez énergiques pour retarder la circulation du sang dans le voisinage de la partie blessée. A défaut de liens, ils veulent que la compression soit faite avec les doigts, et si la partie ne peut se comprimer qu'on use d'astringents. Quand il s'agit d'une morsure au doigt, la ligature et ensuite l'amputation sauvent certainement le malade. Galien cite trois paysans guéris de cette façon, en assimilant la morsure du chien enragé à celle de la vipère.

Si la blessure est petite, les anciens sont aussi d'avis de l'agrandir, de tailler les chairs mordues en amenant une hémorrhagie salutaire.

En suçant légèrement la plaie, on pourrait aussi, à leur avis, attirer le venin qui ne saurait faire du mal si la bouche de l'opérateur n'est ni écorchée ni ulcérée. Par précaution, il fera bien de se rincer la bouche avec de l'huile avant d'agir. Il suffira ensuite de laver la plaie avec une éponge imbibée de vin chaud ou de décoction de racine d'oseille sauvage.

Un remède certainement plus étrange fut mis en avant par Avicenne et quelques autres médecins des temps reculés : c'est l'application sur la blessure d'anus d'hirondelles, de pigeons et de coqs vivants. Ces oiseaux devaient être préalablement bâillonnés et déplumés dans les parties voisines de l'anus, afin que cette partie aspirât mieux le venin.

D'autres praticiens (Dioscoride, Galien, Celse, Rhasès, etc.) ne tenaient pas à avoir ces oiseaux en vie; il leur suffisait d'appliquer sur la blessure leurs chairs palpitantes et chaudes encore après avoir scarifié et ventousé.

Il est bien à noter cependant qu'au dire de

Dioscoride, le moyen le plus prompt et le plus efficace était encore le feu, c'est-à-dire la cautérisation. Galien était du même avis, et prenait soin d'ajouter qu'il fallait agrandir et aviver la plaie, avant de la brûler avec des fers bien chauds. On recommandait d'enlever ensuite l'eschare avec un couteau d'or. A défaut de fer, Avicenne proposait un bout de corde allumée, (selon la coutume égyptienne) ou une huile caustique. Jean de Vigo préférait l'huile de sureau avec le soufre et le sel. A. Matthiol était pour le nitrate d'argent en mixture.

L'emploi des sudorifiques, de l'ellébore blanc, du poivre, de la moutarde, de la poudre de crabes calcinés, des cantharides, même de la thériaque, de la gentiane, est recommandé aussi avant le 16e siècle, et nous allons en retrouver la trace dans les secrets *nouveaux* des époques plus modernes.

LES GUÉRISSEURS DE LA RAGE
DANS LES TEMPS MODERNES
(1544-1869)

—

Seizième siècle.

1. « Prends de la menthe et la pile, mets-
en dessus la morsure. » (1544.)

2. « Prends poireaux et en tire le jus, mets
sel blanc pilé ensemble, frotte et lave l'endroit
malade, il guérira. » (1544.)

Plus de deux siècles après, en 1769, nous
verrons signaler de nouveau les poireaux et
le sel en y joignant la rhue, l'ail et le vinaigre signalés déjà séparément dans d'autres
prescriptions.

3. « Quelques feuilles de rhue avec quelques grains de sel, le tout estant pilé et appliqué sur la morsure d'un chien enragé la
guérit : aussi (de même) sont les noix mus-
cades. » (1561.)

4. « Prens fleurs de chardon sauvage séchées à l'ombre, et pulvérisées, donne à boire
de telle poudre en vin blanc, la coquille d'une

noix à demi pleine, et en trois fois il sera
guéri ; chose trouvée par expérience. » (1561.)

Le chardon est un spécifique connu de toute
antiquité. Des prescriptions de l'an 1610 emploient encore le chardon bénit à l'état de
poudre et de décoction, mais en l'associant au
tan et au dictame.

5. « Prens des cheveux d'homme et les
mouille en fort vinaigre blanc, et les mectz
ainsi sur la morsure pulvérisant dessus des
cendres de *cinero* (sic) et le continue ainsi
par quatre jours, et il guarira. » (1561.)

6. « On doit faire toute diligence d'avoir
incontinent le foye de ce chien enragé, et
après l'avoir fait rotyr le donner à màger au
patient : et sur tout on doibt bien élargir les
playes avec un rasoir et tailler toute la chair
entamée, faisant venir sang en abondance,
car il aporte avec soy le venin. Mesme en
tirer avec des ventoses bien chaudes en luy
faisant manger des aux, des oignons, et choses
semblables et lui faire boire du lait, et du vin
doux. » (1561.)

Pline recommandait déjà des prises de foie
et de tête de chien réduits en poudre.

La ventouse (ventose) fut aussi un moyen

employé par Dioscoride, Galien, Celse et Rhasès.

Dix-septième siècle.

7. Prenez : ail, 1/2 poignée ; racine de fragon, 1 poignée ; feuilles et fleurs de marguerite, 1 p. ; piler le tout dans un mortier, y jeter un grand verre de vin blanc, le passer et le faire boire au malade enragé. » (1668.)

Dix-huitième siècle.

8. Prenez un harang salé tout crud, et qui soit nouveau, pilez-le dans un mortier, jusqu'à ce qu'il vienne comme de la pâte, que vous appliquerez en forme de cataplasme sur la morsure, continuant cette application pendant trois jours. » (1726.)

On ne peut qu'être frappé du rôle considérable joué par le hareng dans les anciennes recettes. Nous l'avons déjà vu recommandé pour le mal de mer, aujourd'hui c'est pour la rage, ailleurs ce sera pour les punaises et pour chasser les mouches. Ici, c'est moins le hareng que le sel qui est considéré comme moyen d'action.

9. On voit reparaître ici un remède vanté dans l'antiquité par les médecins grecs et arabes, surtout Dioscoride et Galien. Il a quelque analogie avec les écailles d'huîtres et les yeux d'écrevisse. « Il faut faire prendre des crables (crabes) dans la mer, depuis le 21 juin jusqu'au 21 juillet qui est le temps du signe du Cancer, et après les avoir fait cuire, conserver le bout de leurs pinces, qui sont noires, et les pulvériser, et prendre de cette poudre le poids d'un écu dedans un peu de vin à jeun, ne manger que deux heures après, faire ce remède par trois jours consécutifs pour les hommes, et pour les bêtes un seul jour suffit. » (1726.)

Nous avons dit que ce remède était ancien. Sa préparation comportait toutefois des différences : 1° le crabe était brûlé tout entier avant la pulvérisation ; 2° pour dix parties de cendre de crabe, on ajoutait trois parties de gentiane et deux de térébenthine, ou cinq parties de gentiane et une d'encens.

10. « Prenez feuilles de betoine, une poignée ; vin blanc, un verre. Il faut cueillir la betoine devant le soleil levé, ou après le soleil couché, et la piler dans un mortier de bois ou de marbre, et non d'autre manière, avec un pilon de bois, et y mettre par-dessus le vin blanc : lorsque ces feuilles seront pilées, mêlez bien le tout ensemble, et les pressez entre vos mains, vous ferez boire ce jus au malade environ un demi-verre pendant sept jours à jeun.

« Et si c'est en hyver, qu'on ne puisse pas trouver de la betoine, vous en prendrez chez les apoticaires la même quantite, et ferez de même que ci-dessus.

Il est à remarquer qu'il faut boire ce breuvage dans une tasse de bois ou de terre : car il ne faut pas que ce breuvage touche ni verre ni linge.

« Pour les animaux on leur en peut faire prendre avec un entonnoir de bois ou de corne. » (1726.)

11. « Aussitôt qu'une personne est mordue, il faut prendre un ail avec une pincée de sel, sur quoy on jettera un peu de vin blanc ou rouge clairet, et broyer le tout ; de cette mixtion on fait boire la liquide au malade et la solide, c'est-à-dire le marc, on la met sur le mal ou morsure après l'avoir bien nettoyée avec du marc.

« Pendant neuf jours, il faut boire du jus composé d'ail, de rhue, de marguerittes sauvages, de racines d'églantier ou rosier champêtre, de scorsonneres; nettoyer et laver la playe avec ce jus. » (1726.)

Aux recettes de l'année 1869, nous verrons révéler comme un grand secret un remède qui n'est autre que celui-là.

12. Celui-ci est moins compliqué:

« Prenez des choux, faites-les confire dans du sel, ou bien ayez de l'eau salée et les faites tremper dedans pendant quelques temps, appliquez de ces choux sur le mal, et vous verrez merveille. » (1726.)

13. « Quand vous aurez des chiens qui auront été mordus par d'autres chiens enragez, pour éviter qu'ils ne contractent la rage, ayez du lait de vache fraîchement tiré de la mamelle, faites tremper dedans de la pimpinelle sauvage, et faites-en boire aux chiens tous les matins l'espace de neuf jours. » (1726.)

14. « Les ventouses, les cautères actuels, le sublimé et le précipité, appliquez sur la morsure, y sont très-souverains : il faut faire en sorte de faire tomber l'escarre, enfin d'en ôter le venin. On met aussi sur la morsure le cul d'une poule, ou chapon, ou poulet, ou oiseau en vie : il faut leur arracher la plume du cul; s'ils viennent à mourir, c'est un signe qu'ils ont attiré le venin. » (1726.)

Tous ces remèdes plus ou mois fantastiques dataient de temps plus anciens. On le verra, en se reportant à notre début.

15. « Il faut avoir recours au remede, immédiatement après qu'on a été mordu. On doit d'abord frotter la partie blessée avec une dragme d'onguent mercurial, tenir la plaie ouverte autant qu'il est possible, afin que l'onguent y pénetre : le lendemain réitérer la friction sur tout le membre mordu, purger le malade avec une dragme de pilules mercuriales ; le troisième jour, frotter seulement la partie blessée et faire prendre le quart de la dose précédente de bolus mercurial, continuer pendant dix jours à frotter d'onguent tous les matins et à donner le bolus des jours précédens, il procure au malade deux ou trois selles, et empêche le mercure d'affecter les parties supérieures, et au bout de dix jours purger le malade avec les mêmes pilules.

« Ces pilules mercuriales doivent être composées de trois dragmes de mercure crud, éteint dans une dragme de terebentine; de la rhubarbe choisie, de la coloquinte en poudre et de gutte-gambe, de chacun deux dragmes :

on mêle le tout avec une quantité suffisante de miel clarifié. La dose est une dragme.

« L'onguent mercuriel est composé d'une once de mercure crud éteint dans deux dragmes de terebentine, trois onces de graisse de mouton : on mêle le tout, et on en fait un onguent : la dose à chaque friction est une dragme.

« Telle est la méthode dont le P. de Choisel, Jésuite, et de la Mission des Indes orientales, a bien voulu faire part au public : il assure que depuis 1740 il a traité plus de trois cents personnes selon cette méthode et avec succès. Du reste, il veut que les malades s'abstiennent de l'usage des choses acides, et des aliments cruds : il prétend que le bain dans la mer n'est d'aucune utilité. Enfin, il avertit qu'on doit augmenter la dose des remedes et en continuer l'usage plus long-tems lorsqu'on a laissé passer deux ou trois semaines sans recourir au remede qu'il enseigne. » (1740).

Cette méthode était encore recommandée vingt ans après ; seulement, on la disait inventée par Defaut, de Bordeaux, et vulgarisée par le P. Choisel. Elle passait à Londres en 1770. (V. page 32.)

16. Remède tiré des *Mémoires pour l'his-*

toire des sciences et beaux-arts, du mois de novembre. — « Le 10 janvier 1749, un brigadier des armées du Roy, revenant de la chasse près Rhetel, Mazarin, fut mordu par un chien enragé, et ne se trouva malade que vingt et un jours après l'accident; mais depuis ce terme les symptômes devinrent terribles, les accès violents firent trembler pour la vie du malade; après le quatrième accès, on appella un médecin de Rhetel, nommé M. Le Comte, qui, sans avoir trop de confiance dans un remede peut estre apris de tradition, résolut néantmoins de s'en servir.

Ce remède consiste à faire prendre quatre gros de poudre d'huître mâle calciné au feu dans un demi-septier de vin blanc. On réitère la même chose au bout de vingt-quatre heures, telle est la doze pour ceux qui n'ont encore essuyé aucun accès de rage; mais, après les accès, il faut faire prendre le dit remède, trois fois de douze en douze heures et dans un véhicule différent. Au lieu de mettre les quatre gros de poudre avec du vin blanc, on les mesle avec trois œufs frais dont on fait une omelette. On ne doit pas boire en la mangeant, ni même pendant tout le temps qu'on fait le remède, ce qui n'est qu'une difficulté de moins dans le traitement du malade, puisque la boisson révolte tous ceux qui sont attaqués de la rage.

L'officier en question prit effectivement le remède de M. Le Comte, ce qui n'empêcha pas les accès de se multiplier jusqu'au nombre de treize en tout; mais le mal ne fit pas d'autres progrès. Dès lors la guérison fut certaine, il ne resta que de la faiblesse au malade pendant quatre mois, et les Eaux de Plombières achevèrent de le rétablir en santé. »

Remède de 1769.

17. « Un pauvre homme d'Udine, dans le Frioul, ayant été mordu d'un chien enragé, au lieu de prendre le remède qu'on lui avait préparé, but une pareille dose de fort vinaigre, qu'on lui donna par méprise, et fut parfaitement guéri. Sur le bruit de cette cure, un médecin de Padoue s'est transporté à Udine pour s'informer du fait qui s'est trouvé véritable, et il en a fait depuis plusieurs épreuves qui lui ont réussi: il fait prendre aux malades 1 livre de vinaigre par jour en 3 fois, le matin, à midi et le soir. »

Cette anecdote mérite quelque attention, car, dans une intéressante étude statistique sur la rage, il me souvient que M. Bouley, sans indiquer de remède spécial, a consigné quelques observations favorables au vinaigre chaud (bu et respiré).

18. « Aussitôt qu'une personne a été mordue par un chien enragé, il faut faire une pâte avec 2 cuillerées de sel détrempé dans de l'eau, observer qu'elle ne soit pas trop liquide, et en frotter la plaie de manière qu'elle soit pénétrée. Cette friction doit se répéter 3 ou 4 fois le jour de l'accident, et autant de fois pendant huit ou dix jours. Il faut appliquer une compresse de la même pâte sur la partie affligée et qui ne l'excede pas trop. Ce remède est efficace, et on peut traiter de la même manière les chiens et autres animaux mordus. » (1769.)

Redonné comme nouveau en 1787.

19. « Prenez nitre purifié, 1 once ; myrrhe rouge mondée, 1 once 1/2 ; verveine à fleurs bleues, 1 poignée ; dent de cerf, 2 onces ; sel commun, 2 dragmes ou gros ; mouron avec la fleur, 4 onces 2 dragmes. Réduire ce mélange en poudre et en donner à la fois la moitié d'une dragme à la personne mordue et 3 prises en 24 heures. Même dose et même régime pour un animal. La blessure doit être bien lavée ; avoir soin de la tenir ouverte pendant quelques jours pour faire sortir le venin.

20. « Il faut prendre de la racine d'un rosier sauvage exposé au soleil levant. Après en avoir ôté la première écorce qui est noire, on en râpe le poids d'un liard. On a soin d'avoir trois œufs frais du jour, dont on ôte exactement le germe; on se pourvoit d'un quatrième œuf moins récent, que l'on ouvre à l'extrémité pour en faire sortir la substance et l'on en remplit la coque d'huile de noix tirée sans feu. Ensuite on fait rougir à grand feu une poêle de fer, et l'on y jette les trois œufs frais battus en forme d'aumelette, avec l'huile de noix et la raclure de la racine de rosier sauvage, le tout sans beurre et sans sel. Il faut que l'homme ou l'animal à qui l'on veut administrer ce remède avale l'aumelette à jeun, le plus chaudement qu'il sera possible, et sans boire, et qu'il ne mange que cinq heures après l'avoir pris. Il suffit de faire une fois ce remède. On peut prendre une partie de l'aumelette ou même en faire une autre exprès pour l'appliquer toute chaude sur la blessure. On assure que ce remède n'a jamais manqué personne. » (1769.)

Nous pouvons ajouter que Pline recommanda le premier la racine de rosier sauvage.

21. La recette suivante paraît fort dangereuse et je ne la signale que pour ne rien omettre. « On prend trois cantharides entières et bien fraîches (celles du Levant sont les meilleures), et cinq grains de bon poivre ; on les réduit en poudre très fine et on les mêle bien. On fait prendre cette poudre au malade dans quatre onces de bon vin blanc. Quatre heures après on lui donne un bouillon de pois rouges, et peu de temps après on le fait manger ; mais pendant trois jours il doit s'abstenir de manger de la chair de porc et des salaisons. La dose du remède pour un enfant au-dessus de sept ans est d'une cantharide et d'un grain de poivre : pour un sujet de quatorze ans, de deux cantharides et de deux grains de poivre ; et pour tous les âges au delà, cette dose doit se donner toute entière. Il ne faut pas s'effrayer si le premier jour le malade rend du sang par la voie des urines ; cet accident disparaîtra dès le second ou troisième jour. »

Ce remède a été donné par l'Abbé Severin Tinti, dans les *Nouvelles littéraires de Florence* (*Juin* 1756), comme venant originairement des *Arabes*, Ancenne et Galien en ont parlé en effet les premiers avec beaucoup de détails.

22. La prescription ci-jointe est curieuse en ce qu'on y voit reparaître bien des remèdes vantés séparément dans les recettes précédentes. La fiente de poule seule est inédite : « Prenez une poignée de rue de la plus verte et de la plus tendre, une poigné de paquête commune, feuilles et racines nétoyées et non lavées, deux ou trois blancs de porreaux selon leur grosseur, une pognée de la seconde peau d'églantier, d'un jet ou deux et du plus tendre, six gousses d'ail, dix ou douze fientes de poules des plus blanches. On pile bien le tout dans un mortier et l'on y jette un verre du meilleur et du plus fort vinaigre avec une bonne cuillerée de gros sel. Après avoir bien mêlé ces drogues, on les passe dans un gros linge, pour en exprimer tout le jus; et on le verse dans un vase qu'on a soin de tenir couvert pour que rien ne s'évente. Il faut préparer ce remède la veille que le sujet le doit prendre; car il ne peut se garder plus d'un jour sans perdre beaucoup de sa force, et, passé les 24 heures, il y aurait du danger de s'en servir. Ce remède se donne à jeun, et une seule fois dans chaque accident. Aussitôt que le malade l'a pris, on le fait couvrir jusqu'à ce qu'il soit un peu échauffé. Toute la préparation du malade consiste à souper légèrement la veille, et le jour même il peut vivre à son ordinaire. La dose pour un homme sain et robuste est de 5 cuillerées, pour une femme saine et forte de 4, pour une personne de 15 à 20 ans, ou de 50 à 60, deux cuillerées. On diminue, ou l'on augmente un peu les doses selon le tempérament : on en donne aussi un quart de cuillerée pour un enfant à la mamelle : pour une femme prête d'accoucher, trois cuillerées. Ce remède n'est pas moins efficace pour les animaux que pour les hommes. La dose pour un cheval et une vache, un verre plein ; pour un chien, un cochon, quatre cuillerées ; pour un mouton trois et demi ; il faut faire boire les animaux avant. Ce remède a été éprouvé avec un succès toujours constant sur un nombre infini de personnes et jusqu'au cinquième accès de rage. » (1769).

A vrai dire, la fiente de poule prescrite ci-dessus n'était pas un remède précisément nouveau. Pline recommande de la mêler à la nourriture des chiens pendant les jours caniculaires ; il la considérait comme un préservatif de la rage.

En 1610, la fiente de chèvres et de pigeons ramiers jouissait aussi d'une certaine faveur en cataplasme.

23. « Il faut plonger le malade neuf fois dans la mer, en lui faisant faire diette après la morsure. Lavez la plaie avec de la lessive de cendres de chêne et avec de l'urine, et appliquez-y un cataplasme composé de thériaque de Venise, de l'alliaria, de rue et de sel. » (1769.)

A l'appui de ce remède, on peut citer un auteur plus ancien, Thomas Brunet, qui écrivait en 1691 :

24. « C'est la coutume d'envoyer à la mer ceux qui ont été mordus par les chiens enragés pour être plongés trois fois, au commencement de la morsure. » Ce qui signifie, peu de temps après avoir été mordus, et il cite un enfant de Delft guéri par ce moyen. Ce médecin ordinaire du roi de la Grande-Bretagne avait, il est vrai, ajouté, par précaution, au traitement marin la scarification avec application de ventouses *à beaucoup de flammes,* dit-il.

Belmont Joann raconte aussi une expérience semblable. C'était à bord d'un navire qui fut envoyé à un mille au large; là, fut plongé à la mer « un vieillard enragé. » « On l'avait attaché au bout d'une vergue; il fut précipité une première fois dans l'eau, où on le laissa l'espace d'un *Miserere,* » puis, deux autres fois « pendant l'espace d'un *Ave Maria.* » Ce qui fait aussi trois immersions, et le narrateur ajoute : « On le hissa à bord, où il fut couché sur le dos. Je croyois qu'il fut mort, et qu'on se mocquoit de moi ; mais d'abord qu'il fut délié, il commença à rejeter ce qu'il avait bu, et il revint aussitôt, et bien guéri de sa rage. »

25. Je viens de citer des observations favorables aux immersions dans l'eau de mer. Je dois ajouter qu'en 1770 les médecins ne témoignaient pas autant de confiance : « Il y a, dit l'un deux, un usage qui se perpétue depuis long-temps pour guérir de la rage, c'est d'envoyer les malades à la mer pour s'y baigner : on prétend qu'en les plongeant ainsi, à plusieurs reprises, dans l'eau, on peut les guérir de leur maladie. Ce remède est plutôt fait pour contenter l'esprit de quelques personnes crédules, que pour former véritablement la guérison : il est constant même que l'on ne peut pas guérir de cette manière ; et tous ceux que l'on dit avoir été guéris, en se plongeant dans la mer, n'étoient pas enragés : c'est pourquoi il ne faut faire usage de ce remede que par rapport à la dissipation que procure le voyage. »

Notre médecin sceptique ajoute : « Parmi les remèdes que l'on a vantés pour guérir de la rage, on donne le premier rang à la poudre suivante, qui est celle de *Palmarius*. En voici la formule :

Prenez, des feuilles de rue, sauge, verveine, bétoine, mélisse, plantain, mille-pertuis, petite centaurée, absinthe, armoise, polipode, de chaque un gros.

« Cueillez ces plantes dans la saison où elles sont dans la plus grande force ; faites-les sécher dans un lieu où elles ne soient exposées aux vents ni au soleil ; réduisez-les en poudre, et les mêlez : faites-en prendre un gros, quand la morsure est récente ; et trois gros, quand elle est seche. « Faites sur la plaie, deux ou trois fois par jour, des lotions avec la décoction de ces plantes. » (Dict. de médecine, 1770).

26. « On recommande aussi en 1770 les yeux d'écrevisses, les écailles d'huîtres prises en une omelette, à la dose de deux ou trois gros par jour. »

Les écailles d'huître ne sont pas un remède

précisément nouveau. On en retrouve la trace
à l'année 1747.

26. Vers le même temps, M. Méad, médecin de Londres, vantait l'efficacité du remède
qui suit, à la suite de plusieurs expériences,
dont aucune n'avait jamais manqué. « Il s'agit
d'une herbe qu'on appelle en français *Hépatique terrestre*, et en latin *Lichen cinereus terrestris*; lorsque cette herbe sera bien nette,
séchée et pulvérisée, on en prendra une demi-
once que l'on mêlera avec deux gros de *poivre
noir* pulvérisé; après quoi, l'on partagera cette
poudre en quatre doses, et on en donnera une
à la personne mordue, tous les matins à jeun,
pendant quatre jours de suite, dans une chopine de lait de vache chaud.

« Après ces quatre jours on baignera la personne tous les matins à jeun, pendant quatre
mois, dans un bain d'eau froide, soit dans une
fontaine, soit dans une rivière : on plongera
d'abord le corps tout entier avec la tête; ensuite
l'on retirera seulement la tête hors de l'eau, et
l'on y tiendra le corps pendant l'espace d'une
demi-minute seulement si l'eau est bien
froide. Lorsque le quatrième mois sera fini, il
suffira de baigner la personne trois fois la se-
maine.

« L'herbe appellée *Lichen cinereus terrestris,*
ou *Hépatique terrestre,* est très-commune en
Angleterre : elle croît dans des terres sablon-
neuses ; on la cueille en octobre et en novembre. »

« Il faut avoir l'attention de l'appliquer
dans le temps convenable, c'est-à-dire avant
que les symptomes de la rage se manifestent,
ce qui n'arrive ordinairement que sept ou huit
jours après avoir été mordu. »

En 1787, le *Lichen cinereus* mêlé au poivre
noir était préconisé de nouveau comme un
sauveur de l'humanité, sous le nom de *poudre
de Dampierre.* On ajoutait qu'il devait être
employé trois jours au plus après la morsure,
plus ou moins récente.

En 1770, on tenait également pour efficaces
les frictions mercurielles (*v.* page 23), et le
médecin que nous venons de citer dit à leur
sujet :

« Il y a beaucoup de malades qui ont été
préservés de l'hydrophobie par le moyen des
frictions mercurielles ; mais il est vrai que
l'on conteste leur guérison, parce qu'on prétend qu'ils n'avoient aucuns signes qui carac-
térisassent la rage : cependant quand, sur
huit ou dix personnes mordues par le même
animal sur des parties découvertes, comme

la main et le visage, les unes sont mortes hydrophobes n'ayant point pris de mercure, et les autres ont été guéries par le moyen des frictions mercurielles, il est vraisemblable de penser qu'elles seroient mortes toutes dans l'hydrophobie, sans l'effet du remede. »

28. « Cueillez vers la S. Jean l'herbe qu'on nomme *mouron rouge*, connu en botanique sous le nom d'*anagallis flore Phœniceo*, lorsqu'elle est à son point de maturité, et que son suc a acquis le plus haut degré de perfection. Quand vous en avez ôté toute la terre et la poussière, vous la laissez dans un lieu bien sec. A un homme mordu par une bête enragée, vous donnerez dans de l'eau, du bouillon ou du thé un gros de cette herbe en poudre, et il ne prendra rien de quelques heures. Une seule prise fait, dit-on, le plus grand effet, mais il est à propos de recourir à une seconde prise six ou huit jours après. S'il est question d'un animal, on lui fait prendre avec du sel, de l'alun et de l'eau dans un breuvage chaud, ou dans du pain, depuis un gros jusqu'à deux gros de la même poudre. » (1777.)

En 1769, nous avons déjà vu entrer le mouron dans la composition d'une recette, mais à titre partiel et sans les particularités décrites ci-dessus.

29. « Pour un homme attaqué de la rage, prenez un verre de vinaigre, une cuillerée de sel gris, une poignée de feuilles d'églantier, ou une poignée de la féconde écorce de cet arbre, cinq gousses d'ail, une pincée de poudre d'écailles d'huîtres calcinées. Pilez le tout ensemble dans un mortier, en y versant le vinaigre peu à peu ; passez ensuite le tout par un linge, en le pressant fortement. Lorsqu'il y a des plaies, il faut en tirer les chairs mortes, et y appliquer le marc du remède. Le malade, après avoir pris cette dose à jeun, marchera modérément, et passera trois heures sans boire ni manger ; alors il prendra un bouillon, et deux heures ensuite il pourra dîner ou souper à l'ordinaire. On augmente ou on diminue la dose, selon le plus ou moins de force du malade. » (1777.)

Encore un amalgame d'ingrédients déjà connus et ne se séparant de plusieurs autres recettes que par de légères différences. C'est ainsi que la même année on revient également au traitement mercuriel du P. de Choisel, avec l'addition de deux cuillerées de vin (une le matin et une le soir) à faire avaler chaque jour en prenant soin d'y ajouter vingt à vingt-cinq gouttes d'eau de Luce. — Ceci donne une haute idée des capacités de la cuiller.

C'est à la même date qu'on prétendait avoir trouvé la manière de s'assurer si la morsure d'un chien que l'on croit enragé est vénéneuse.

« Prenez un morceau de viande cuite ; frottez fortement à la gorge, aux dents et aux mâ-choires du chien tué ; en prenant la précaution de ne laisser tomber aucune goutte de sang sur la viande : vous présenterez ensuite la viande à des chiens sains. Lorsque le chien tué a été enragé, et si la morsure était véné-neuse, l'animal sain s'enfuit en hurlant, sans vouloir toucher à la viande. »

Je ne sais si on a vérifié l'exactitude du fait, mais en 1826 les recueils spéciaux paraissent toujours y croire.

30. La recette qui suit est assurément des plus intéressantes, car c'est le récit d'un docteur qui s'est guéri lui-même d'un accès de rage ; son récit a été communiqué à l'Aca-démie des Sciences vers 1835 : il est à remar-quer qu'il est confirmé par les remarques d'Avicenne qui, dès le xe siècle, déclarait que la sueur, les bains et tous les moyens de pro-

voquer une transpiration abondante produisaient de bons effets à la condition de n'être administrés que vingt jours au moins après l'accident. Mais revenons aux prescriptions du docteur Buisson. En voici le texte: « Quand une personne a été mordue par un chien enragé, faire prendre sept bains de vapeurs (un par jour), dits à la russe, de 40 à 50 degrés; faire suer le malade pendant 40 jours, la nuit seulement, en l'enveloppant nu dans une couverture de laine, et le couvrant d'un matelas ou d'un lit de plume pour faciliter la transpiration, faire boire au malade très-fréquemment une décoction de salsepareille chaude pendant les repas, et de l'eau rougie après les repas; lui faire faire beaucoup d'exercice; aucun régime n'est nécessaire pour la nourriture. Cela est le remède préventif. Quand la maladie est déclarée, il ne faut qu'un bain de vapeur monté rapidement à 30 degrés Réaumur, puis lentement à 50; le malade doit se tenir bien enfermé dans sa chambre, jusqu'à ce qu'il soit complétement guéri. »

Voici maintenant comment le docteur Buisson avait été amené à constater l'efficacité des bains de vapeur, son récit est des plus intéressants:

On l'avait appelé pour donner des soins à une hydrophobe qui touchait à la crise finale de la maladie. Il la saigna et s'essuya les mains avec un mouchoir imprégné de la salive de la mourante. Au doigt indicateur de la main gauche, il avait une petite plaie où la chair était à nu ; il reconnut aussitôt son imprudence ; mais, confiant dans le procédé qu'il venait de découvrir récemment, il se contenta de se laver avec de l'eau : « Croyant, dit M. Buisson, que la maladie ne se déclarait qu'au quatrième jour, et ayant beaucoup de malades à visiter, je remettais de jour en jour à prendre mon remède, c'est-à-dire des bains de vapeur ; le neuvième jour, étant dans mon cabriolet, je sentis tout à coup une douleur à la gorge et une plus grande encore dans les yeux, mon corps me paraissait si léger que je croyais qu'en sautant j'aurais pu m'élever à une hauteur prodigieuse, ou qu'en m'élançant d'une croisée j'aurais pu me soutenir en l'air ; mes cheveux étaient si sensibles, qu'il me semblait que sans les voir j'aurais pu les compter ; la salive me venait continuellement à la bouche ; l'impression de l'air me faisait un mal affreux, et j'évitais de regarder les corps brillants ; j'avais une envie continuelle de courir et de mordre, non les hommes, mais les animaux et tout ce qui m'entourait. Je buvais avec peine, et j'ai remarqué que la vue de l'eau me fatiguait plus que la douleur de gorge; je crois qu'en fermant les yeux un hydrophobe peut toujours boire. Les accès me venaient de cinq minutes en cinq minutes, et je sentais alors la douleur partir du doigt indicateur et se propager le long des nerfs jusqu'à l'épaule.

« Pensant que mon moyen n'était que préservatif, et non curatif, je pris un bain de vapeur, non dans l'intention de guérir, mais pour m'étouffer. Lorsque le bain fut à une chaleur de 42 degrés, tous les symptômes disparurent comme par enchantement; depuis je n'ai jamais rien ressenti. J'ai donné des soins à plus de quatre-vingts personnes mordues par des animaux enragés : toutes ont été préservées par mon moyen. »

M. le docteur Buisson cite ensuite plusieurs faits curieux. Un Américain avait été mordu par un serpent à sonnettes, environ à huit lieues de sa demeure; voulant mourir au sein de sa famille, il court chez lui, se couche, sue beaucoup, et la plaie se guérit comme une plaie simple.

On guérit la tarentule par la danse; la sueur entraîne le virus.

Si on vaccine un enfant, et qu'on lui fasse

prendre un bain de vapeur, le vaccin ne prend pas.

31. Vers 1836, on revient avec détails sur les moyens de cautériser la plaie:

« Bien laver la plaie avant de cautériser; un individu monte sur une chaise, et verse avec force un seau d'eau sur la blessure. On procède ensuite à la cautérisation avec le fer rouge et un fil de fer, pour atteindre les lésions profondes; le beurre d'antimoine, au bout d'un petit tube de verre, peut servir à la cautérisation, ainsi que les acides sulfurique, nitrique, ou hydrochlorique, employés avec précaution, de manière à détruire le venin sans estropier le patient. » (1836).

32. Les Anglais, de leur côté, semblent revenir au pansement par le sel que nous avons déjà vu en France au 18e siècle (V. les recettes 8 et 18).

« M. Kennedy propose comme remède immédiat une solution de sel. Plus la solution est forte, plus elle est efficace; et on ne doit point cesser de frotter la partie blessée jusqu'à ce que la circulation soit bien rétablie.

« En cas de morsure d'un chien enragé, frottez la blessure pendant *plusieurs heures* avec la solution, puis étendez une couche épaisse de sel sur un linge de toile, et placez-la sur la morsure en l'assujettissant par un bandage solide. De plus, tenez la partie blessée dans un état d'humidité pendant au moins vingt-quatre heures, en pressant au-dessus une éponge trempée de temps en temps dans la solution. Après cela mettez un nouvel emplâtre de sel que vous laisserez intact deux jours ; si cette manœuvre bien simple est commencée de suite après la blessure, on peut répondre de la vie de la personne mordue ; car, quel que soit le venin de l'animal, sa blessure ne sera jamais mortelle.

La méthode de M. Kennedy paraît se rapprocher de celle dont John Wesley parle dans sa *Médecine primitive*. « Mêlez, dit-il, une livre de sel dans un quart d'eau. Baignez, lavez et épongez la blessure avec cette mixture pendant au moins une heure, et attachez ensuite dessus un bandage de sel que vous laisserez sans y toucher pendant douze heures. »

« M. Wesley ajoute : « L'auteur de ce remède fut mordu six fois par des chiens enragés, et se guérit toujours lui-même en suivant les préceptes indiqués. » (1836).

33. C'est aussi vers 1836 qu'on parle en

Amérique d'une plante efficace contre l'hydrophobie: la *Scutellaria lateriflora* de Linné en poudre sèche. C'est une plante de bruyère, qui se multiplie aisément de graines, dans tous les terrains.

34. Les Italiens emploient un autre moyen dit *Remède de M. Salvatori*. Il se forme, près du ligament de la langue, dans les premiers jours de l'hydrophobie, des pustules blanchâtres, qui s'ouvrent spontanément treize jours après la morsure. Il faut, le neuvième jour, les ouvrir avec une lancette, en faire sortir l'humeur, et laver la bouche avec de l'eau salée.

Il est à noter que dans la Mayenne, pour prévenir la rage dans leurs chiens, on leur enlève de la langue une certaine fibre, dont l'inflammation paraît être cause de l'hydrophobie. Ils appellent cette opération *éverrement*, et disent: éverrer un chien.

Cette coutume a été de tous les temps et de tous les pays. Pline disait déjà que les vétérinaires de son temps prétendaient préserver de la rage les petits chiens, en ôtant de leur langue un petit ver, et il faisait remarquer que ce petit ver était en réalité un nerf affectant la forme vermiculaire.

35. On lisait il y a une douzaine d'années, dans le *Journal de Joigny*.

« Voici un remède infaillible contre la rage :

« Prendre chez le pharmacien trois poignées de *Datura stramonium* (gomme épineuse), les faire bouillir, dans un litre d'eau, jusqu'à réduction de moitié, puis faire prendre cette boisson tout d'une fois au malade.

« Une rage violente survient bientôt, mais de courte durée; une sueur abondante y succède; au bout de 24 heures le malade est complétement guéri.

Ce remède a été communiqué par le R. P. Legrand, qui a évangilisé, dans l'empire d'Annam et le Ton-King. Le révérend père en a fait lui-même l'expérience, et, sur soixante malades auxquels il l'a fait prendre, il a obtenu soixante guérisons. » (1865).

Le *Datura stramonium* est un poison, comme chacun sait. Cela suffit pour faire renvoyer cette recette dans la classe des prescriptions dangereuses.

36. Un peu avant 1870, un journal fort répandu faisait grand bruit de la révélation d'une recette mystérieuse que nos lecteurs curieux pourront presque reconnaître parmi nos prescriptions de l'année 1769; il y a bien quelques différences, mais le fonds est le même. Nous reproduisons intégralement le journal en question.

« Nous sommes heureux — même au prix d'une coupable indiscrétion — de donner à nos lecteurs la recette contre la rage, dont nous parlions avant-hier. Nous la faisons précéder d'une lettre qui, par l'autorité de son auteur, écarte toute idée de compérage et d'empirisme.

Copie de la lettre de M. de Saint-Paul, directeur général au ministère de l'intérieur.

« Voilà, mon cher monsieur, la recette dont j'ai l'honneur de vous parler. Son efficacité est absolue, et il n'est pas d'exemple où son action ait été impuissante.

» J'ai eu bien de la peine à obtenir, non le remède que la famille d'Ambois a donné gratuitement depuis plus de deux siècles, mais la formule que je vous envoie. Seulement, je vous prie, par un reste de scrupule, de ne pas la faire publier.

» Je viens de faire une nouvelle campagne pour obtenir cette autorisation, et si, ce que j'espère, le consentement de M. d'Ambois ne me fait pas défaut, vous pourrez alors lui donner toute la publicité nécessaire pour le porter à la connaissance des populations, qui ont un bien réel intérêt à le connaître.

» Recevez, cher monsieur, l'assurance de mes meilleurs sentiments,

« Signé : G. DE SAINT-PAUL. »

RECETTE CONTRE LA RAGE.

« Prenez de la rüe, de la sauge, des marguerites sauvages et de la marguerite à feuilles de fenouil (une bonne pincée de chacune). Prenez de la racine d'églantier et de la scorsonère (à proportion), hachez ces racines biens menues, ajoutez à cela cinq ou six bulbes d'ail. Pilez premièrement l'églantier, puis le reste. Ajoutez une bonne pincée de gros sel, et jetez sur ce marc, dans le mortier, un demi-verre de vin blanc. Mêlez bien, et passez avec une expression à travers un linge, puis faites boire à jeun, pendant neuf jours de suite, observant de ne laisser manger que trois heures après.

« On peut substituer le lait au vin pour les animaux. » (1869.)

L'*indiscrétion* du journal reproducteur eut alors un grand succès de publicité. On a vu ce qu'il en faut penser.

Voilà, n'est-il pas vrai, bien des manières de guérir le même mal; et cependant, on meurt toujours de la rage.

Faut-il en conclure que toutes les méthodes du monde ne valent rien ou qu'on ne les a jamais sérieusement mises en pratique. Là-dessus, les moyens d'informations nous manquent. Tout ce que nous croyons, c'est qu'à l'heure présente on n'emploie que des moyens préventifs. Une fois la rage déclarée, on se borne à laisser mourir le malade.

Il est cependant des essais que nous voudrions voir tenter à plusieurs reprises; il serait en particulier désirable qu'on fût édifié sur la valeur du traitement par les bains de vapeur décrits en 1835 par le docteur Buisson, qui, sans le savoir peut-être, s'est rencontré en cela avec les savants médecins de l'antiquité.

N'y aurait-il pas aussi un rapprochement utile à établir entre le moyen de guérir la rage et celui de guérir la morsure des serpents venimeux. Le mode de transmission du venin est le même des deux côtés; il devrait être contrarié de la même façon. Or, depuis les savantes recherches de MM. Claude Bernard, Robin et Laboulbène, on est d'avis que ce qu'il y a de mieux à faire pour neutraliser l'invasion d'un poison par morsure ou blessure, c'est 1° établir aussitôt une bonne ligature au-dessus du point lésé afin de ne laisser pénétrer le virus dans l'économie que très-lentement; 2° boire de l'alcool à haute dose (cognac ou rhum) pour retarder la circulation du sang. Nous reviendrons sur ce sujet l'année prochaine.

La mort par hydrophobie est si affreuse, si fréquente, que la science doit à son honneur d'expérimenter sans se lasser.

Un mot encore. J'ai donné ici la plupart des formules connues. Mais le nombre des formules secrètes est bien plus grand. Chaque ville et chaque village ont les leurs; on les tient pour plus ou moins bonnes dans chaque localité; leurs inventeurs se disent tous amis de l'humanité; seulement, chose bizarre! ces hommes généreux prétendent ne pas divulguer leur traitement, ce qui est une étrange manière d'entendre la charité, car un homme mordu a-t-il le temps nécessaire pour prendre le chemin de fer, pour se présenter à leur domicile, en supposant qu'il en connaisse l'adresse, et que sa blessure et sa bourse le lui permettent. — Cependant nos prétendus philanthropes se targuent *d'être utiles à leurs semblables* et cela *sans rétribution aucune,* comme si ce n'était pas une rétribution indirecte que faire payer à un pauvre blessé dix à deux cents francs de frais de voyages, selon l'éloignement. C'est à la fois odieux et ridicule. Ou le remède ne vaut rien et son détenteur abuse de la bonne foi publique, ou le remède vaut quelque chose, et, en ne le publiant pas, il nuit à l'humanité qu'il prétend servir.

SEPT

RECETTES CONTRE LE MAL DE MER

Si le mal de mer incommode encore tant de passagers, ce n'est point faute d'avoir cherché à le combattre. Une des plus anciennes recettes que je connaisse remonte à trois siècles ; elle a le mérite de n'être pas longue :

Recette de 1561.

Pour le dégoust de ceux qui vont par mer, il faut boire du jus d'olive. — Qu'est-ce au juste que ce jus d'olive? Est-ce le suc exprimé du fruit, ou bien s'agit-il de la saumure où il baigne ? A en juger par la recette de 1766 (Voir ci-après), ce doit être la saumure, car de la saumure au hareng saur, il n'y a pas loin.

Recette de 1655.

C'est une simple cocasserie. Je la donne pour montrer à quel point l'imagination peut s'égarer. Il faut prendre un rognon de renard et le couper en deux pour le saler, le mettre ensuite dans une petite bourse que les filles et les femmes sujettes à cette maladie porteront pendue au col seulement.

Reméde esprouvé ! ajoute le facétieux ou naïf auteur de la recette précitée. Pourquoi le renard y joue-t-il le rôle principal ? Sans doute à cause du terme d'argot *écorcher le renard* (vomir) qui a donné une idée de similitude, je le pense, parce que ce terme est vieux. Déjà, en 1518, un voyageur en Terre sainte, Jacques Lesaige, disait, en parlant des effets du mal de mer : *Loué soit Dieu ! j'avois bon apétit, car je n'avois fait que escorchier le regnard.*

Et depuis Jacques Lesaige, l'expression avait passé dans la meilleure société, comme le prouve un piquant récit du marquis de Châtres (imprimé dans ses *Jeux d'esprit,* qui parurent en 1697.) L'historiette nous ramène à la cour de Louis XIII. Des ambassadeurs suisses étaient venus voir le roi à Saint-Germain ; sa majesté avait commandé au maréchal de Grammont et à M. de Nogent de faire à nos bons alliés les honneurs de Paris. Le maréchal les invite donc à dîner en son hôtel, et comme on connaissait leur goût pour le vin d'Orléans, dit auvernat, il en fait apporter la charge de trois crocheteurs. Quand on en vint au trinquage, cela n'en finit plus : il fallut porter la santé de chaque canton, de chaque ambassadeur, du roi et du maréchal. Bref, chaque convive avait bien quarante bons verres dans le corps, lorsqu'un page vint donner à ces messieurs de l'anis pour chasser le goût du vin. C'était le rince-bouche d'alors. Mais il ne fut pas du goût des diplomates, qui le crachèrent aussitôt, en disant : « Ah ! quel poison vous nous faites donner, monsieur le maréchal. Au nom de Dieu, faites-nous verser du vin pour chasser le goût de cet anis pernicieux. »

Cette dernière épreuve désarçonna Nogent, qui avait jusque-là bien soutenu l'honneur du pavillon. Ici je laisse parler le marquis de Châtres : « Nogent sortit de la salle, et cherchant un lieu où il avoit affaire, ne sçachant pas les êtres de la maison, il entra dans la cuisine, et trouvant un officier (préposé à l'office) qui écorchoit un chevreau : « Je ne sçais, lui dit-il, quel animal tu écorches ; mais je sçais bien que pour moi je vais écorcher le renard. »

Et maintenant que j'ai bien établi les relations que le renard a depuis longtemps avec l'action de vomir, je reprends la série historique de mes recettes contre le mal de mer.

Recette de 1726.

Mangez un poisson trouvé dans le ventre d'un autre poisson. Après l'avoir fait rôtir, il faut le manger avec du poivre et du sel.

Chose expérimentée! ajoute ce donneur de recettes, qui a du moins le mérite de paraître convaincu.

Recette de 1766.

Boire une bonne quantité (!!!) d'eau de mer avec un peu de vin ou manger un hareng saur à jeun ;

Le remède du hareng est encore populaire dans nos provinces maritimes.

Recette de 1787.

« Prendre deux onces d'eau-de-vie, et boire cette liqueur au moment où l'on s'embarque; ce préservatif est excellent pour les personnes robustes et qui jouissent d'une bonne santé; mais il est contraire à celles qui sont valétudinaires. »

Ici une petite anecdote : « Une dame appelée à Saint-Domingue pour ses affaires, s'embarqua avec deux de ses enfants; dans le trajet elle se sentit fort incommodée, de même que ses enfants, par le mouvement du *vaisseau;* *dans la perplexité* où elle se trouvait, elle se rappela que la thériaque (¹) prise dans du vin était un excellent antidote, elle en prit un peu dans un demi-verre de vin et en donna à ses enfants. Peu après tous les accidens cessèrent; ils s'endormirent tous trois, et après quinze heures consécutives de sommeil, ils se réveillèrent avec un appétit dévorant. Pendant le reste du voyage, ils ne ressentirent pas la moindre incommodité, comme maux d'esto-

---

(¹) La thériaque était un opiat dont la chair de vipère formait la base et auquel on attribua longtemps bien des vertus.

mach, vertiges, envie de vomir, ou nausées, que l'on éprouve sur la mer quand on n'est pas accoutumé d'y voyager.»

Recette de 1795.

« On prétend qu'on peut prévenir le mal de mer en mangeant un morceau de sucre sur lequel on verse quelques gouttes d'éther, ou bien en ava'ant un peu d'eau dans laquelle on a mis de l'éther et un peu de sucre pour fixer l'évaporation.

D'autres personnes disent que deux onces d'eau-de-vie mêlée avec deux onces d'eau de mer, et bue lorsqu'on monte sur le vaisseau, produisent le même effet. Ce dernier moyen paraît un peu vif et ne pouvoir convenir qu'à des tempéramens vigoureux. »

Recette de 1876.

Le Dr Garraud, auteur du *journal humoristique d'un médecin phthysique*, croit avoir découvert un moyen nouveau qui mérite quelque publicité. Je donne son récit que le lecteur appréciera. Il s'agit d'une traversée de France en Algérie.

« Vers minuit, comme le mal de mer per-

sistait, j'eus recours à une injection hypodermique d'un centigramme de chlorhydrate
de morphine. Au bout d'un quart d'heure,
le sommeil était venu, sommeil qui fut inter-
rompu deux à trois fois dans la nuit, sans
que le mal de mer revînt; le bienfait de la
morphine se fit sentir jusque dans la mati-
née. Comme il faisait très-beau, ces dames
restèrent sur le pont une partie de la journée,
où elles purent même manger un peu. Mais
dès qu'elles furent descendues dans leur
cabine, le mal de mer revint plus violent que
jamais. J'eus aussitôt recours, pour ma femme
et pour ma nièce, à une injection de chlorhydrate de morphine d'un centigramme;
le résultat fut aussi instantané et aussi satis-
faisant que la veille. Cependant, vers le milieu
de la nuit, ma femme se réveilla, et l'action
de se remuer amena chez elle un effort de
vomissement. Ce fut tout; le sommeil prit le
dessus, et le reste de la nuit se passa sans
aucun accident.

« Je ne sais si ce moyen a été employé. En
tout cas, je ne le connaissais pas, et j'invite
mes confrères qui me liront à l'essayer à l'occasion. Les injections hypodermiques de morphine sont sans danger, pourvu que l'on ne
dépasse pas une certaine dose. Il sera curieux

d'étudier, dans ces cas, l'effet de la morphine sur l'action de vomir; car fort souvent la morphine en injection hypodermique provoque le vomissement, à ce point que, dernièrement, le professeur Luton, de Reims, la préconisait en injection comme excellent vomitif dans les indigestions dans les cas où l'administration d'un vomitif par la bouche était impossible.

« Peu importe que le succès soit dû au sommeil provoqué ou à une action spéciale de la morphine sur le pneumogastrique; on ne doit considérer ici que le résultat obtenu. Ce qu'il y a de certain, c'est que la morphine a donné un sommeil excellent et prolongé, que, pendant tout ce temps, il n'y a eu aucun signe de mal de mer. Si je dois croire tous ceux qui ont eu le mal de mer, et qui en parlent de la façon qu'on sait, combien seraient-ils heureux d'être maintenus plusieurs jours dans un sommeil complet et de débarquer sans connaître ce mal tant redouté! Tous les paquebots ont maintenant un médecin à bord; c'est aux médecins qu'il appartient d'étudier et de résoudre cette question. Du reste, il n'y a qu'eux qui puissent se servir avec intelligence et sans danger des injections hypodermiques.

« *Le 22 avril.* — J'ai fait retour d'Alger à Marseille, en trente-trois heures. La mer a été un peu dure et presque tous les passagers ont été malades. Ma femme et ma nièce n'ont pas manqué à leur habitude, et dès leur arrivée sur le bateau, il a fallu qu'elles se mettent au lit. Sous l'influence de deux injections de chlorhydrate de morphine d'un centigramme chaque, les vomissements ont fait place au sommeil, et elles sont arrivées à Marseille presque sans s'en douter. Quand elles se réveillaient par instant, la nausée revenait, si elles faisaient quelque mouvement, mais c'était peu de chose et le sommeil les reprenait presque aussitôt.

« Voilà donc deux observations bien concluantes. C'est à mes confrères qui s'embarqueront, ou à ceux des steamers de continuer ces expériences et d'assigner à ce moyen sa valeur réelle. »

Un baromètre à bon marché.

C'est une toile d'araignée. Lorsqu'il doit faire de la pluie ou du vent, l'araignée raccourcit beaucoup les derniers fils auxquels sa toile est suspendue, et la laisse dans cet état tant que le temps reste variable. Si l'insecte allonge ses fils, c'est du beau temps, et l'on peut juger de sa durée d'après le degré de longueur de' ces mêmes fils. Si l'araignée reste inerte, c'est signe de pluie; si, au contraire, elle se remet au travail pendant la pluie, c'est que celle-ci sera de peu de durée et suivie du beau temps fixe. D'autres observations ont appris que l'araignée fait des changements à sa toile toutes les vingt-quatre heures, et que si ces changements se font le soir, un peu avant le coucher du soleil, la nuit sera belle et claire. (1858).

Café économique.

En 1855, un curé du village de Ferebrianges (Marne) a publié à Epernay une brochure fort intéressante sur le café. Il déclare *qu'une livre de café cru*, bouillie pendant six minutes dans la quantité d'eau nécessaire, peut donner *trois cent quatre-vingt-dix tasses* d'un café réparateur dont chacune n'aura coûté qu'*un centime*, sucre compris. — L'abbé Masson déclare l'avoir donné au lieu d'eau-de-vie à des ouvriers qui s'en sont fort bien trouvé.

Pour joindre ensemble les morceaux d'albâtre ou de marbre.

Prenez deux onces de cire, une once de résine. Après avoir fait fondre, ajoutez une once et demie de poudre de la pierre qu'on voudra luter. Mêlez le tout ; puis pétrissez-le dans l'eau pour bien incorporer ces diverses substances. Si l'on veut que ce lut imite plus parfaitement la couleur de l'albâtre, du marbre, etc., on pourra augmenter la dose de la poudre. Lorsqu'il sera question d'en faire usage, on l'approchera du feu, ainsi que les extrémités des corps à unir, qui doivent être bien sèches. Ce ciment est capable de soutenir des masses considérables (1826).

Pour obtenir des radis roses en toute saison.

Prenez de la graine de radis et laissez-la tremper pendant trente-quatre heures dans de l'eau ; alors jetez-la toute mouillée dans un petit sac de linge noué à l'extrémité avec de la ficelle. Si vous avez fait tremper une grande quantité de graine, partagez-la dans plusieurs sacs. Exposez ensuite ces sacs dans un endroit où ils puissent recevoir la plus forte chaleur du soleil ; au bout d'environ trente-six heures la graine commencera à germer ; vous pourrez alors la semer dans un terrain bien exposé au soleil ; vous recouvrirez l'endroit où vous aurez fait le semis avec une petite cuve que vous aurez obtenue en sciant un tonneau en deux. Trois jours après avoir semé vos graines, vous trouverez vos radis gros comme des noisettes avec deux petites feuilles rondes à leur extrémité.

On peut s'en procurer en hiver, même pendant les gelées les plus fortes, en prenant les précautions suivantes : Après avoir trempé vos graines dans de l'eau tiède et les avoir exposées au soleil ou dans un lieu assez échauffé, vous vous procurerez deux cuves d'égal diamètre ; vous en emplirez une de terre, vous y sèmerez vos graines et vous les recouvrirez avec l'autre cuve. Vous aurez soin d'arroser le semis avec de l'eau tiède aussi souvent que cela sera nécessaire. Ces cuves devront être déposées dans une cave ou un cellier bien chaud, et en peu de jours vous aurez d'excellents radis (1841).

Pour rétablir les vins tournés ou échaudés.

Les vins tournés ne diffèrent des vins naturels que par une certaine quantité de sous-carbonate de potasse qui s'est formée aux dépens de la crème de tartre et de la matière colorante. Il suffit, pour les rétablir, d'ajouter environ demi-once d'acide tartrique par hectolitre: l'acide carbonique se dégage, le vin reprend sa couleur et sa saveur naturelle; le tartrate ainsi se dépose au fond de la pièce (1835).

Pour l'entretien des bahuts et des bois anciens.

Rien d'affreux comme le miroitement d'un bahut verni. L'éclat d'un bahut passé à la cire n'est pas non plus exempt de reproche, il s'altère trop aisément. Pour nourrir, brunir et lustrer le bois d'une façon durable, il n'est rien de tel que cette composition, recommandée vers la fin du dernier siècle. Faire bouillir doucement pendant un quart d'heure un litre d'huile de lin tirée à froid, dans lequel on a mis trente-deux grammes d'alun au poids actuel. Mettre en bouteille et s'en servir selon le besoin par couches légères étendues avec une flanelle. Le bois ne doit avoir été ni ciré, ni verni.

Pour dégraisser le bouillon.

Il est beaucoup d'estomacs qu'un bouillon trop gras incommode. Au siècle dernier, Vaniere a voulu remédier à ce mal. Rien de si simple, de si naturel, de si commode et de si propre, que sa manière de dégraisser le bouillon. Pour produire cet effet des plus utiles à la santé, il avait imaginé deux appareils entre lesquels on peut choisir : 1° une soupière avec un robinet mis à un doigt du fond; 2° une cafetière à goulot placé à un pouce du fond.

Le bouillon sort par le trou du goulot ou du robinet, beaucoup au-dessous de la graisse qui surnage (1776).

Pour reconnaître si le café contient de la chicorée.

On remplit un verre d'eau ; lorsqu'il est

plein, on projette à la surface du liquide le café que l'on suspecte d'être mêlé.

Si le café n'est pas mêlé de poudre de chicorée, il reste à la surface; s'il est mêlé de poudre de chicorée, celle-ci absorbe l'eau immédiatement, tombe au fond du vase et colore promptement le liquide en jaune.

On conçoit que ce procédé est fondé sur la texture différente des deux produits, qui absorbent l'eau dans un espace de temps bien différent. Si on examine la poudre mouillée qui tombe au fond du vase, on voit qu'elle n'a pas la consistance du café et qu'elle est molle; ce qui n'arrive pas pour le café qui aurait séjourné dans l'eau (1858).

Pour voir si la flanelle contient du coton.

On sait que, parmi les flanelles, il en est dont la chaîne est en coton, et que ces flanelles sont peu estimées. Depuis quelque temps, on a mis dans le commerce des flanelles qui contiennent une très-grande quantité de coton, et qui ne devraient pas être employées comme flanelle de santé pour faire des gilets et d'autres vêtements destinés à être portés sur la peau. Nous allons indiquer ici le moyen de les reconnaître et d'apprécier la quantité de laine et de coton qu'elles contiennent.

On prend un poids donné de la flanelle que l'on veut essayer, dix parties par exemple ; on la met en contact avec de la lessive de potasse marquant 12 degrés, et l'on fait bouillir ; bientôt la laine se dissout et se convertit en savon, tandis que le coton n'est que faiblement altéré ; on arrête l'opération, on lave le résidu insoluble (le coton), on le fait sécher et on le pèse (1858).

Pour nettoyer les marbres et les porcelaines.

On préparera un bain composé d'une partie d'acide nitrique (eau forte) et de cinquante parties d'eau. Si l'objet est peu volumineux, on se contentera de le plonger dans le bain, et presque au moment de l'immersion, le nettoiement s'opère de lui-même ; il suffit ensuite de le rincer à l'eau pure et fraîche, et de le laisser à l'abri de la poussière. On est parvenu à rendre ainsi leur valeur à des ouvrages très-précieux (1841).

Pour teindre les cheveux en blond.

Voici une recette à l'usage des blondes postiches de 1561 ; elle ne saurait effrayer celles de 1877. Je la donne en son naïf langage.

« Pour faire les *cheveus blons*, comme si ce fust fil d'or. Pren l'écorce ou les raclures de rheubarbe, et les mets detremper en vin blanc, ou en laissive clere : et après t'en avoir lavé la teste, tu t'en mouilleras les cheveus avec une esponge, ou quelque drap, puis les laisse essuyer au feu, ou au soleil : après les mouilleras, et les essuyeras de rechef, car tant-plus souvent le feras, et tant-plus deviendront beaus, sans aucunement endommager la teste. »

Pour empêcher la poussière des routes des sentiers et des allées.

Faire un mélange de chlorure de calcium et de sel de cuisine, dans la proportion d'un kilo de sel par dix litres d'eau. On jette les sels dans des tonneaux d'arrosages puis l'eau par-dessus, et l'on arrose les routes avec la solution. Il paraît que surtout les voies macadamisées acquièrent, sous l'influence de ce mélange, une dureté et une cohésion telles qu'une circulation même active ne les désagrége plus; la poussière y est presque nulle, l'usure beaucoup moindre; au surplus, les deux choses se tiennent. En outre, comme on déverse sur la voie publique une plus faible quantité d'eau et que les chlorures empêchent la décomposition des matières organiques, la découverte est importante au point de vue de la salubrité (1870).

Thé d'aubépine.

Un marchand de thé à Londres a pris, vers 1834, une patente pour une manière de préparer la feuille d'une plante qui par infusion donne une boisson agréable et très-salubre. Cette plante est *l'aubépine*. Les feuilles doivent être cueillies entre avril et septembre inclusivement; on fait un choix des plus belles; avant tout on les frotte avec soin, puis on les lave dans de l'eau fraîche et on les fait sécher. Tandis que les feuilles retiennent encore un peu d'humidité, on les expose à l'action d'une forte vapeur jusqu'à ce que de vertes qu'elles étaient, elles deviennent d'une couleur olive; on les met alors dans une bassine sur le feu et on les retourne afin de les faire sécher dans toutes leurs parties, et quand elles sont bien sèches, on peut les conserver. Cette plante ainsi préparée remplace parfaitement la feuille du thé, l'infusion s'en fait de la même manière; on peut y ajouter du lait ou la sucrer selon son goût.

On dit que ce thé d'aubépine est souvent mélangé au thé de Chine par des marchands peu délicats.

Pieds mouillés. — Moyen de prévenir les inconvénients qui peuvent en résulter pour la santé.

« Quand on a eu, dit Tissot, les jambes et les pieds mouillés, accidents qui souvent ont causé des pleurésies mortelles, rien n'est plus salutaire que de se laver avec de l'eau tiède. » Le même médecin a guéri radicalement des personnes sujettes à des coliques violentes toutes les fois qu'elles avaient eu les pieds mouillés, en leur donnant ce conseil. Le bain est encore plus efficace, si l'on fait dissoudre dans l'eau un peu de savon (1836).

Pour enlever le goût désagréable du lait qui vient d'être trait.

Ce moyen consiste simplement à faire boire de l'eau fraîche à la vache une heure avant de la traire (1822).

Raccommodage de l'ambre jaune.

Avis aux fumeurs. En 1776 on prétendait que l'ambre pouvait se raccommoder, sans qu'il restât la moindre apparence de lésion. « Pour cet effet, dit notre texte, on chauffe un peu l'endroit de la fracture ; on en enduit l'interstice avec de l'huile de tartre, et la réunion se fait si parfaitement, qu'il ne reste pas le moindre vestige que le vase ait été brisé. »

Tabac économique.

Un membre de l'Académie de Stockolm, a fait vers 1840, un écrit sur l'usage des feuilles de pommes de terre en guise de tabac. Bien séchées, elles sont, selon lui, dignes de la pipe sous le rapport du parfum et des propriétés stimulantes. Avant lui Buchan recommandait également les feuilles sèches de baguenaudier.

Pour conserver le bouillon huit jours.

Personne n'ignore qu'en hiver, surtout lorsque la température approche de zéro, les liquides les plus putrescibles peuvent se conserver des mois entiers sans altération ; mais tout le monde ne sait pas que la chaleur, portée à soixante degrés de Réaumur, produit le même résultat. Cela paraîtra étrange à bien des gens, et pourtant le fait est certain ; tant il est vrai que les extrêmes se touchent, et que les causes contraires produisent souvent de semblables effets. Sans raisonner sur le *comment* ni le *pourquoi*, nous nous bornerons à dire que, pour conserver indéfiniment, sans la moindre altération, un bouillon de viande tel que celui qu'on est dans l'usage de faire dans les familles aisées soit, pour les malades, soit pour les gens en santé, il ne faut, après l'avoir tiré au clair dans un pot de terre bien propre, que le faire bouillir un instant ; une fois par jour pendant les saisons tempérées, ou chaque douze heures pendant les grandes chaleurs de l'été.

Il conviendra de saler moins le bouillon qui devra être conservé par ce procédé (1835).

Pour connaître si le miel est sophistiqué.

Prenez-en un peu, et faites-le brûler : s'il brûle bien et sans difficulté, ce sera une preuve qu'il est pur (1777).

Toile résistant à l'épée.

Lors d'un duel qui a fait dernièrement beaucoup de bruit, au tribunal et ailleurs, on s'est ému à juste titre de la ceinture de sûreté que portait un bretteur pour paraître avec plus d'avantage sur le terrain. Nos anciens guerriers n'avaient pas imaginé la ceinture, mais ils avaient une toile qui remplissait le même objet à moins de frais et sur une plus grande surface. On la préparait ainsi : « Prenez de la toile neuve bien forte que vous mettrez en double, et frotterez avec de la colle de poisson dissoute en eau commune, puis la ferez sécher sur un aix, et après prendrez de la cire jaune, résine, mastic de chacun deux onces : faites fondre le tout avec une once de térébenthine, remuant bien, et mettant le tout sur la toile jusqu'à ce qu'elle soit toute imbibée. *Bon éprouvé!* » dit en terminant l'auteur de cette recette singulière. On aime à le croire sur parole.

Corselet à l'épreuve de la balle.

J'ai donné le mode de préparation d'une toile inpénétrable aux coups d'épée. La même année (1709), on publia la manière de préparer un colletin ou corselet de cuir à l'épreuve de la balle. Nos lecteurs seront sans doute bien aises de la retrouver ici.

Colletin à l'épreuve du mousquet.

« Prenez une peau de bœuf, et lui coupez le poil tout fraîchement écorché, et faites tailler le colletin, le faisant coudre et parfaire, et le faites tremper, dans du vinaigre, l'y laissant vingt-quatre heures ; puis le retirez et le faites sécher, non au feu, ni au soleil, mais à l'air ; il faut réitérer ces infusions de vinaigre six fois, changeant de vinaigre à chaque fois, puis lui donner la couleur. »

Il serait curieux de voir si ces anciennes préparations opposeraient aux balles nouvelles un rempart suffisant.

Pour cuire des légumes avec l'eau de puits.

Deux causes contribuent à rendre coriaces ou

difficiles à cuire les légumes farineux. La première dépend des trop fortes chaleurs de l'été pendant leur végétation, qui les rendent cornés. La deuxième dépend de l'eau dans laquelle on les fait cuire. On sait que l'eau de puits, par exemple, est impropre à cet usage, par la quantité de chaux qu'elle contient en dissolution.

On remédie à cet inconvénient en mettant de la cendre de bois, gros comme un œuf, dans un linge serré qu'on jette dans la marmite, et qu'on retire après la cuisson. Ce moyen, outre l'avantage de cuire promptement les légumes, a celui de contribuer à en améliorer le goût. Il économise en même temps le sel dont il convient de diminuer la quantité (1832).

Autre moyen. Par l'addition de quarante-huit grains de sous-carbonate de potasse, ou de carbonate de soude, par seau d'eau, on décompose ces sels, les légumes cuisent très-bien, et l'eau ne contracte aucune propriété malfaisante. Il existe encore un autre moyen que l'on doit à M. Braconnot, habile chimiste de Nancy : il consiste à ajouter un peu de vinaigre, ou de l'oseille dans un nouet, à l'eau dans laquelle on fait cuire les légumes (1831).

Pour faire croître les jeunes arbres

Les jardiniers intelligents ont pour habitude d'enlever les mousses ou lichens qui s'attachent aux arbres fruitiers, en les frottant avec un morceau de drap; et cet usage qu'on suit assez généralement dans la Touraine, est une des causes de la beauté et de la qualité des fruits qu'on y récolte. En effet, ces plantes parasites ne vivent-elles pas aux dépens de la séve; et la poussière et toutes les substances étrangères qui s'attachent à l'arbre ne sont-elles pas comme un obstacle qui s'oppose à son développement?— C'est en employant ce procédé sur les jeunes arbres, tels que chênes, bouleaux, frênes, ormeaux, etc., dès que leur tige a atteint deux pouces de diamètre, qu'on parvient à hâter au moins trois fois plus vite leur accroissement. Deux ou trois fois l'année, on renouvelle cette opération, et les frais qu'elle exige sont payés au delà par les avantages qui résultent de cette pratique (1835).

Pour faire pondre des gros œufs.

Recette copiée dans un recueil de 1592. « Tiens de la rubrique (craie rouge) en dissolution dans la nourriture des poules, ou fais-leur manger des boulettes de son et de brique pilée bien petries avec du vin. »

L'ÉVÊQUE BERKELEY
ou l'Apôtre de l'Eau de Goudron.

(1744)

On parle beaucoup aujourd'hui du goudron et de ses vertus. Sans nous en occuper davantage, je ne crois pas inutile de rappeler ici qu'en 1776, un dictionnaire de l'industrie imprimé à Paris contenait déjà ce passage :

« L'eau de goudron convient aux sédentaires, et aux personnes attaquées de vapeurs. Les Anglais, dans leur colonie d'Amérique, l'ont surtout éprouvé *comme un excellent préservatif contre la petite vérole* en en buvant une demi-bouteille le matin et autant le soir, deux heures après le souper. Au reste, *la quantité et la qualité doivent se proportionner à la force de l'estomac.* La préparation en est des plus faciles : sur *une livre ou deux* de goudron de Norwége, on verse environ *seize pintes* d'eau (la pinte de Paris valait un peu moins que le litre, 0, 930) ; on laisse infuser ce mélange pendant huit à dix jours ; on l'agite de temps en temps avec une spatule de bois ; on tire la liqueur à clair, et on la conserve dans des bouteilles fermées. »

En lisant la recette précitée, on remarque des différences notables avec la pratique actuelle. Et ces différences s'accusent encore bien plus dans les écrits de l'évêque anglais Berkeley qu'on peut appeler à juste titre *l'apôtre de l'eau de goudron*, car ce fut lui qui ne négligea rien pour en vulgariser l'emploi.

On en jugera par cette lettre qu'il écrivit en 1744 et qui fut imprimée l'année suivante en Hollande à la suite de ses *Recherches sur les vertus de l'eau de goudron*. Comme ce livre ne se trouve plus, j'en reproduis un extrait assez long, mais dont les détails ne sauraient être tronqués; car on parle plus que jamais du goudron aujourd'hui, et en toute occasion de ce genre, il est bon de remonter aux sources.

« Votre lettre m'apprend, monsieur, qu'à Dublin dans le grand nombre de personnes qui font usage de l'eau de goudron, il y en a qui manquent à la préparer comme il faut, ou qui ne la prennent pas de la manière convenable. Pour obvier à ces inconvénients, et rendre l'utilité de ce remède aussi générale qu'il est possible, vous désirez que je donne en abrégé quelques règles et quelques observations sur ce sujet. Les voici :

« 2. Versez quatre pintes d'eau froide sur une quarte de Goudron liquide; remuez, mêlez

bien le tout ensemble, avec une cuillère de
bois, ou un bâton plat, durant l'espace de
cinq à six minutes. Après quoi laissez reposer
le vaisseau exactement bouché, pendant trois
jours et trois nuits, afin que le Goudron ait
tout le loisir de se précipiter au fond. Ensuite
l'ayant écumé avec soin, versez ce qu'il y a de
clair et le tenez dans des bouteilles bien bou-
chées, pour votre usage. Par cette méthode
vous aurez une liqueur plus forte que par celle
que j'ai donnée d'abord dans mon Traité, et qui
n'aura rien de dégoûtant, pourvu qu'on l'ait
écumée avec soin. C'est là en général la bonne
règle, mais comme les estomacs et les tempéraments varient, elle admet quelque latitude.
En mettant moins d'eau et remuant davantage, on rend la liqueur plus forte. Ce sera le
contraire, si l'on remue moins, et que l'on
augmente la quantité d'eau (¹).

« 3. Le Goudron dont on s'est servi de la

---

(1) Notez que chaque gallon ou mesure de
quatre pintes, qu'on ajoute dans le même vaisseau
demande cinq ou six minutes de plus qu'on doit
employer à remuer l'eau. En sorte que deux gal-
lons d'eau sur deux quartes de Goudron exigent
d'être remués pendant dix à douze minutes.

sorte, si on l'employe une seconde fois, n'a plus la même vertu; mais il n'en est pas moins propre aux usages ordinaires. Donner ici du Goudron qui aura déjà servi, pour du Goudron frais, ce seroit une fraude très-préjudiciable. Pour la prévenir, il n'y a qu'à prendre garde que le premier est d'un brun plus clair que l'autre. Celui de Norwége, étant moins épais, se mêle plus aisément avec l'eau et paroît avoir plus d'esprits.

« 4. La bonne eau de Goudron n'est pas plus pâle que le vin blanc de France, ni d'une couleur plus foncée que celui d'Espagne, et elle est tout aussi claire. Si vous n'y appercevez pas sensiblement en la buvant une certaine force, vous pouvez conclure qu'elle ne vaut rien. Si vous la voulez avoir bonne, faites-la préparer sous vos yeux. Ceux qui commencent par la prendre foible, et en petite quantité, parviendront, en s'y accoutumant, à en prendre davantage, et à la boire plus forte. Selon la saison ou le goût du malade, il la peut boire froide ou chaude. Dans les coliques, je crois que cette dernière manière vaut le mieux. Si à la prendre chaude elle le dégoûte, qu'il essaye de la boire froide, et au contraire. Supposer qu'à quelques personnes

délicates, elle cause d'abord un peu de mal à
l'estomac, ou des nausées, on peut en réduire
et la dose et la qualité. En général ces légers
inconvénients peuvent être ou prévenus, ou
surmontés sans beaucoup de peine. L'usage
de ce remède n'assujettit à aucune précaution
gênante soit pour l'air, ou pour l'exercice, ou
la manière de se vêtir, ou le régime : on peut
également en user dans tous les temps de
l'année.

« 5. Par rapport à la dose dans les maladies
chroniques ordinaires, une pinte d'eau de
Goudron par jour peut suffire, prise à jeun,
à deux, ou à quatre reprises; c'est à sçavoir
soir et matin, deux heures après le déjeuner
et après le dîner; ceux qui ont l'estomac meilleur en prendront davantage. Chacun doit
consulter sa propre expérience pour sçavoir
en quelle quantité, et dans quel degré de force
son estomac peut supporter ce remède. Mais
ceux qui sont travaillés de maladies considérables et invétérées, doivent le prendre en plus
forte dose, au moins une quarte en vingt-quatre
heures, en quatre, six ou huit fois; suivant
que cela s'accordera le mieux aux circon-
stances et à la nature du mal. Tous les buveurs
de cette classe doivent s'armer de patience et

de persévérance dans l'usage de ce remède, comme dans celui de tous les autres qui, quoique infaillibles et sûrs, ne peuvent par la nature même des choses opérer que lentement la cure des maladies chroniques invétérées. Dans les maladies aiguës, comme dans les fièvres de toute espèce, on doit boire l'eau de Goudron en se tenant chaudement au lit, et la boire en grande quantité, la fièvre disposant toujours le malade à boire, et jusqu'à une pinte par heure ; ce que j'ai vu produire des cures surprenantes. Mais cette eau a un effet si prompt, et ranime si bien les malades, qu'ils se croyent souvent guéris avant que la fièvre les ait tout à fait quittés. Ils doivent donc n'être pas trop impatients de quitter le lit, et de se remettre trop tôt à leurs affaires et à leur manière de vivre accoutumée.

« 6. Bien des gens pourront croire qu'un altérant comme celui-là, qui n'agit qu'avec lenteur dans les maladies chroniques, n'est nullement propre dans les fièvres et les maladies aiguës, qui requièrent un soulagement prompt. Mais j'ose assurer que ce même remède qui, en qualité d'altérant, n'agit qu'avec lenteur dans les maux chroniques, je l'ai trouvé, pourvu qu'on en prenne copieusement, d'une efficace

très-prompte dans les maladies aiguës et in-
flammatoires, les fièvres et les pleurésies les
plus dangereuses. Si le lecteur est surpris de
ce que j'avance, j'avoue que je ne le suis pas
moins. Mais la vérité est toujours vérité, et,
de quelque part qu'elle vienne, elle doit être
favorablement reçue. Puisque les médecins se
croyent en droit de traiter des matières de
Religion, j'ai, ce me semble, un égal droit
de me mêler de Médecine. »

———

Le trait piquant de la fin donne à penser
que notre évêque n'était pas bien avec les
docteurs de sa contrée. Le désaccord fut en
effet poussé si loin qu'ils se refusèrent à visiter
tout malade convaincu de boire de l'eau de
Goudron.

En hostilité avec tous les médecins, Berkeley
entreprit de remplacer toute la médecine par
son spécifique. Il alla même jusqu'à recom-
mander à ses compatriotes de mettre de la
résine dans le vin et la bière : fièvres, rhumes,
asthmes, pneumonies, pleurésies, dyssenterie,
goutte, il goudronna tout avec une ardeur qui
éclate dans les recettes suivantes, toujours
extraites de son livre de 1745. On sera bien

aise de les trouver ici, car, tout en faisant la
part de l'exagération de l'auteur, on ne saurait
dédaigner absolument le témoignage d'un
homme de bonne foi et d'un prélat uniquement animé du désir de secourir ses semblables.

« L'eau de Goudron est pectorale et restaurante au plus haut degré; et si je puis m'en
rapporter à l'expérience que j'en ai faite, elle
possède les plus estimables propriétés qu'on
donne aux divers baumes du Pérou, de Tolu,
de Capivi, et même au baume de Galaad;
telle qu'est entre autres sa vertu contre
l'asthme, la pleurésie, les obstructions, les érosions ulcéreuses des parties internes. J'ai trouvé
que le Goudron en substance mêlé avec du
miel est un excellent remède contre la *toux.*
Les baumes comme il a déjà été observé cidessus soulèvent, révoltent ordinairement l'estomac : mais il s'accommode de l'eau de
Goudron, qui est ce que je connois de plus
propre à le fortifier.

« En l'année 1741, vingt-cinq personnes de
ma maison, attaquées de la *fièvre,* furent
guéries par cette eau médicale, prise en quantité. La même méthode fut suivie chez plusieurs pauvres de mon voisinage avec un égal

succès. Les inquiétudes de la fièvre se trou-
voient calmées sur le champ, chaque verre
ranimoit le malade, et sembloit lui infuser la
joie et l'espérance. Du commencement on en
avoit préparé quelques-uns par des vomitifs;
mais ensuite je trouvai que sans vomitif,
saignée ni vésicatoire, ni autre évacuation ou
médecine que ce fût, de très-mauvaises fièvres
se guérissoient par le seul usage de l'eau de
Goudron, prise au lit, tiède et en bonne
quantité, comme vous diriez un grand verre
toutes les heures. Et il est digne de remarque,
que ceux qui guérissoient par le secours de
cet excellent cordial, recouvroient tout d'un
coup leurs forces, tandis que souvent ceux
qu'on avoit tiré d'affaire à force d'évacuations,
même après que la fièvre avoit quitté, demeu-
roient longtemps dans un état de langueur,
avant que de se voir parfaitement rétablis.

———

« Dans les *Péripneumonies* et les *Pleurésies*,
j'ai observé que l'eau de Goudron est excellente, ayant vu des pleurétiques guérir sans
saignée, par un vésicatoire appliqué de bonne
heure à l'endroit du point, et pour avoir bu
copieusement de cette eau jusqu'à quatre ou

cinq pintes et plus en vingt-quatre heures. C'est un point qui mérite bien d'être éclairci par de plus amples expériences, sçavoir si dans toutes les pleurésies une médiocre saignée, un vésicatoire sur l'endroit affecté, et quantité d'eau de Goudron tiède ne suffiroit pas sans ces saignées réitérées et abondantes, dont un malade court risque de se ressentir toute sa vie. Je soupçonnerois même qu'un pleurétique se mettant de bonheur à garder le lit, et buvant copieusement de l'eau de Goudron, peut guérir par ce seul moyen sans saignée, vésicatoire, ou autre médecine quelle que ce soit. Je puis assurer qu'il a réussi en en prenant un verre toutes les demi-heures.

———

« J'ai vu un *flux de sang* invétéré, après qu'on eut essayé en vain divers autres remèdes, être guéri par cette eau. Mais celui que je regarde comme le plus efficace et le plus prompt, c'est un lavement où il entre une once de résine brune commune, qu'on fait dissoudre sur le feu dans deux onces d'huile, en y ajoutant une pinte de bouillon. Remède dont il n'y a que peu de temps que j'ai eu occasion de faire l'expérience, lorsque ce mal couroit.

De tous ceux à qui je l'ai conseillé, je n'en
sçache aucun qui ne s'en soit bien trouvé.
Je fus conduit à cet essai par l'idée que j'avois
eu de la vertu balsamique du Goudron. Car
la résine n'est que du Goudron épaissi.

« Rien que je sçache ne fortifie autant l'estomac que l'eau de Goudron. D'où il suit
qu'il doit être très-salutaire aux *goutteux*;
et sur ce que j'ai observé en cinq ou six occa-
sions, je suis convaincu que c'est le meilleur et
le plus sûr remède, soit pour prévenir la *goutte*,
soit pour fortifier la nature contre l'accès,
et pour détourner l'humeur de dessus les
parties nobles.

Comme on se sert en quelques-unes de nos
colonies de cette infusion à froid, comme
d'un préservatif ou d'un préparatif contre la
petite vérole, j'ai voulu essayer cette pratique
étrangère sur les personnes de mon canton,
lorsque la petite vérole y régnoit avec le plus
de violence. Le succès a pleinement répondu
à mon attente; n'y ayant de ma connoissance
aucun de ceux qui ont usé de l'eau de Goudron, ou qui n'ayent échappé ce mal, ou qui
ne s'en soient heureusement tirés. Une famille

entre autres m'a fourni l'exemple remarquable de sept enfants qui se tirèrent tous très-bien de la petite vérole, à l'exception du plus jeune, qu'on ne put venir à bout de faire boire de cette eau comme les autres.

Plusieurs personnes ont été préservées de ce mal par l'usage de la même liqueur, d'autres en ont été favorablement traités. J'ai observé qu'on la peut boire avec succès et sans aucun danger, aussi longtemps qu'on veut; et cela, non-seulement avant, mais durant tout le cours de la maladie. La règle générale à suivre, c'est d'en avaler demi-pinte soir et matin à jeun, en variant la dose suivant l'état et l'âge du malade; pourvu qu'on le prenne toujours à jeun, et deux heures avant et après le repas. Au reste la qualité, aussi bien que la quantité, doit varier selon que l'estomac se trouve plus ou moins foïble. Moins d'eau, ou l'eau plus battue rend la liqueur plus forte; c'est le contraire si l'on met plus d'eau et qu'on l'agite moins. Sa couleur ne doit pas être plus claire que celle du vin blanc de France, ni plus foncée que celle du vin d'Espagne. Si en la buvant on ne s'aperçoit pas sensiblement d'un certain fumet, il faut que le Goudron fût mauvais, ou qu'il eût déjà servi, ou bien que l'eau ait été faite ou conservée avec peu de soin. L'expérience apprendra à chacun en quelle quantité, et de quelle force son estomac la peut supporter, et les temps les plus convenables pour la prendre. Je ne vois pas que dans l'usage de ce remède l'excès puisse avoir aucun danger.

« L'ayant essayé sur un grand nombre de différentes maladies, dans une ulcération d'entrailles avec de grandes douleurs, dans une *toux sèche* accompagnée d'ulcère au poumon, comme les expectorations purulentes l'indiquoient assez, dans une pleurésie et une péripneumonie, j'ai trouvé qu'il réussissoit au-delà de mes espérances. J'ordonnai à une personne sujette depuis plusieurs années à des fièvres érésipélateuses, dès qu'elle en sentoit les premiers avant-coureurs, de boire de l'eau de Goudron, et par-là l'*érésipèle* fut prévenue.

Je n'ai jamais rien connu de si ami de l'estomac que l'est cette eau. Elle guérit les indigestions, et redonne *l'appétit*; c'est un excellent remède pour l'*asthme*. Il communique une douce chaleur et une prompte circulation à tous les liquides, sans échauffer; et par là il est bon, non-seulement en qualité de pectoral et de balsamique, mais aussi comme un puissant et sûr désobstruant dans les maux cachectiques et hystériques. Comme il est tout à la fois fortifiant et diurétique, c'est un remède admirable contre la *gravelle*. »

J'ai tenu à donner jusqu'au bout le texte de notre évêque. On voit que c'était un homme convaincu, sans autre pensée que l'amour du prochain. Maintenant se trompe-t-il ou non? Là n'est point notre affaire. Je ne puis que faire observer que son idée n'était pas mauvaise puisqu'elle a été reprise de nos jours sous une forme différente, mais en vertu du même principe.

Pour guérir les ampoules.

« A la suite d'une longue marche, le pied, surtout au talon, peut être affecté d'une petite tumeur semblable à une bulle produite par la brûlure :

« Percer la petite ampoule, évacuer le liquide sans enlever la peau, appliquer un petit linge fin enduit de beurre frais ou de cold-cream, de cérat, garder le repos, sont des moyens simples, qui, aidés des soins de propreté, suffisent pour amener une guérison prompte et facile. »

Je donne ici la recette d'un docteur de 1867. En 1852, on ne faisait pas tant de façons. Lisez plutôt cette prescription d'Antoine Dumoulin :

« Prenez des cendres de vigne, broyez-les avec une vieille graisse et les mettez sur le mal, car il guérit toutes les ampoules en quelque lieu du corps qu'elles soient. »

Le meilleur moyen de guérir les ampoules est encore de ne pas les laisser venir. Pour cela il est une recette malpropre, mais efficace, que connaissent tous les vieux soldats. A l'instant d'entreprendre une marche pénible ils se graissent fortement le pied avec une chandelle et renouvellent à chaque étape, s'il le faut. Il y a des raffinés qui cassent un œuf dans leurs souliers; je pense qu'ils ne gardent pas la coquille.

Tourne-broche naturel.

Le fait suivant a été relaté par un observateur en l'année 1770 :

« C'est une espece de tradition parmi les

gens de la campagne, que les oiseaux tués le
jour des Rois, et embrochés le même jour
dans une baguette de coudrier, rôtissent tout
seuls. A la derniere fête des Rois, mon jardinier vint me dire qu'il avoit tué un étourneau,
qu'il l'avoit plumé, mis en broche, et qu'il
tournoit de lui-même. J'allai sur-le-champ à
ma cuisine, et je vis sur les chenets l'oiseau
embroché dans une baguette de coudrier (jet
de l'année encore verd) qui fit en effet devant
moi, sans que rien y touchât, sept à huit
tours très lents jusqu'à parfaite cuisson. Je
fis embrocher le lendemain un autre étourneau
(que le jardinier avoit aussi tué le jour des
Rois) dans la même baguette, il ne tourna pas.
Je soupçonnai la branche de coudrier d'avoir
été trop desséchée en rôtissant le premier
oiseau. Aussitôt je fis tirer un moineau (qui
par conséquent n'étoit plus du gibier tué le
jour des Rois) et je le fis embrocher dans un
jet de coudrier de l'année que j'envoyai couper
exprès. Le moineau tourna très bien, et fut
rôti comme l'étourneau du jour précédent. Il
résulte donc qu'un oiseau d'un médiocre volume, embroché dans une branche de coudrier
verte et de l'année, mise sur des chenets qui
soient de niveau, tourne au feu tout seul et
sans aide, jusqu'à l'entiere cuisson. »

Il serait bon, en supposant la vérité du fait, d'observer si toute autre branche que celle de coudrier ne serait pas aussi sensible à l'impression du feu. Dans ce dernier cas, ce phénomène, très-analogue à celui de la baguette divinatoire, qui tourne d'elle-même en certaines mains, et reste sans action dans d'autres, doit apparemment s'expliquer de la même façon.

Conservation du lait.

Le commerce du lait conservé a pris une extension considérable, et ce produit s'obtient par des moyens perfectionnés. En 1822, on connaissait déjà les trois procédés qui suivent. Le premier est d'Appert, et le second est de Kirchof.

Moyen de conserver le lait frais des années entières. Du lait frais, mis dans une bouteille bien bouchée, qu'on plonge pendant un quart d'heure dans de l'eau bouillante, peut être conservé pendant plusieurs années, presque aussi sain qu'il était d'abord.

Autre. On fait évaporer lentement le lait à une douce chaleur, et on le réduit à l'état d'une poudre sèche, qui, étant mêlée avec la quantité d'eau nécessaire, donne une liqueur dont le goût a beaucoup d'analogie avec celui du lait frais.

Préparation des Indiens pour durcir le lait. Lorsque le lait est bien pris, les Indiens le mettent dans un sac de toile, suspendu à l'ombre : il s'égoutte, et bientôt durcit comme une pierre. Tenu ainsi à l'ombre, il se conserve des mois entiers sans éprouver aucune alté-ration. Pour le manger, ils le délayent dans l'eau.

Procédé simple et économique pour avoir toujours d'excellent café, soit au lait, soit à l'eau, par le Dʳ Ratier.

Prenez 125 grammes de bon café, grillé et convenablement moulu ; délayez-le dans deux verres d'eau froide avec une cuiller et laissez-le tremper toute la nuit, en couvant le vase qui le renferme.

Le lendemain versez cette bouillie avec précaution sur un linge fin placé dans un entonnoir de verre sur une bouteille.

Vous aurez une infusion extrêmement chargée, dont une seule cuillerée, versée dans une **tasse** de lait bouillant, suffit pour lui donner tout le parfum désirable.

Un tiers de cette infusion et deux tiers d'eau pure mis à chauffer jusqu'à l'ébullition, donnent un café à l'eau d'une couleur superbe et d'un goût parfait.

On conçoit, en effet, que le café ayant été traité à froid, n'a pu perdre aucune parcelle de son principe aromatique.

Maintenant l'eau froide tire-t-elle du café tout ce qu'on peut en obtenir? je réponds oui, appuyé sur l'expérience. En effet, j'ai essayé le procédé que je viens d'indiquer ci-dessus, avec l'eau bouillante et avec l'eau froide, et je me suis assuré, par la comparaison, que la poudre épuisée par l'eau froide, et traitée ensuite par l'eau bouillante, ne donnait rien qu'une eau légèrement teinte en jaune, et sans odeur ni saveur. Il faut d'ailleurs sur le marc faire passer une quantité d'eau double de la première et se servir de cette seconde eau pour traiter de nouvelle poudre.

Il y a donc économie de combustible et de temps, puisque l'opération se fait toute seule et réussit constamment de la même manière, ce qui n'a pas lieu dans le procédé par ébullition où le liquide déborde souvent, non plus que dans les appareils *Morize* et autres, qui donnent de bon résultats, mais qui sont dispendieux à acquérir et qui exigent de l'entretien.

Chez moi, deux petites carafes en verre et un entonnoir de même matière composent tout l'appareil. L'une des carafes contient le café préparé, elle est bouchée à l'émeri ; l'autre, sur laquelle est l'entonnoir, reçoit la seconde eau, puis à son tour, elle renferme le café, et ainsi de suite ; tout le soin consiste à y passer un peu d'eau de temps en temps. Toutes les personnes qui ont goûté de ce café, soit à l'eau, soit au lait, l'ont trouvé d'une qualité supérieure. Je m'étonne qu'un procédé si simple ne soit pas adopté. Pour les limonadiers, il y aurait ce grand avantage d'avoir toujours du café prêt, de ne point ajouter d'eau dans le lait qui en contient déjà assez, enfin de ne faire chauffer le café qu'au fur et à mesure du besoin (1841).

Pour nettoyer l'argenterie noircie.

La plonger dans une dissolution de savon noir qu'on laisse bouillir le temps nécessaire (1877).

Faire bouillir une heure dans un mélange d'eau, de savon raclé et de blanc d'Espagne.

Retirer ensuite, appliquer du blanc d'Espagne en poudre, bien frotter, puis tremper dans l'eau chaude et essuyer. Pour celle qui est noircie par les œufs, frotter avec de la suie (1841).

Pour manger du feu.

Il n'y a pas longtemps qu'on parlait à Paris des mangeurs de feu venus d'Afrique. Mais ce tour de force a été un peu de tous les temps et de toutes les latitudes. C'est ainsi qu'il y a plus de deux siècles, on a vu un Anglais, mangeur de feu, nommé Richardson, faire rôtir un morceau de viande sur sa langue, allumer un charbon dans sa bouche avec un soufflet, l'enflammer par un mélange de poix noire, de poix résine, de soufre enflammé. Ce mélange allumé produisait dans sa bouche le même frémissement que l'eau dans laquelle les forgerons éteignent le fer, et bientôt après il avalait ce charbon enflammé, cette poix, ce soufre et cette résine. Il empoignait un fer rouge avec sa main, qui n'était cependant pas plus calleuse que celle d'un autre homme. Enfin il tenait un autre fer rouge entre ses dents.

Ce n'est que par une habitude, d'abord très-douloureuse, et une disposition dans les organes, qu'un tel homme est parvenu à les rendre insensibles. Le valet de cet Anglais publia, en 1667, *le secret* de son maître, *le manger du feu*. Ce secret consiste à se frotter les mains, la bouche, les lèvres, le palais avec de l'esprit de soufre, vraisemblablement affaibli dans les commencements, et que l'on emploie ensuite plus actif. Cet acide corrode l'épiderme, et le rend aussi dur qu'un cuir. En répétant cette opération, l'épiderme devient si dur, qu'il gêne les mouvements de la bouche : les bateleurs se la lavent avec du vin bien chaud, et enlèvent la peau racornie qui se détache. Ils endurcissent la nouvelle peau de la même manière, et avec le temps la rendent sans sensibilité.

Pour toucher au feu sans sé brûler.

Nous avons dit de quelle manière les bateleurs du temps jadis s'essayaient à manger du feu. On s'est aussi préoccupé des moyens de toucher au feu sans se brûler. Voici un secret daté de 1709 *pour toucher au feu sans se brûler.*

« Prenez jus de guimauves, semences de psillium en poudre; mêlez le tout ensemble avec blancs d'œufs et jus de raifort; vous en oignez les mains et laissez sécher; puis, il faut les oindre encore une fois et vous toucherez au feu sans danger. »

Autre plus simple et de la même date *pour tenir du feu en sa main sans se brûler :*

« Prenez du vitriol, que vous mettrez en fort vinaigre, avec jus de plantain également, et vous en oignez les mains. »

Pour n'être pas mordu par les serpents.

On est assez surpris de retrouver le raifort (V. la recette précédente) dans une autre composition qui empêcherait les morsures des serpents. Ainsi le Dictionnaire de Trévoux (éd. de 1771, article *Thériaque*) dit qu'il y a en Italie, et surtout en la Pouille, des vendeurs de *thériaque*, qui se vantent d'être issus de saint Paul, et qui manient des serpents sans danger, après avoir graissé leurs mains d'un onguent, où il entre de l'huile de la graine de raifort sauvage, du jus de racine serpentaire, d'aphrodilles, de cervelle de lièvre, de feuilles de savinier, de graine de laurier, etc. Nicander, en son *Traité des thériaques*, donne aussi la composition d'un onguent, qui empêche d'être mordu par les serpents.

Contre le froid et la chaleur.

Les vêtements chauds, ou plus exactement imperméables à la chaleur, sont préférables dans toutes les saisons; seulement il faut intercepter en hiver et rétablir en été un courant d'air entre eux et la peau (1835).

Pour avoir de gros choux et de gros artichauts.

On se sert, dans une partie de la France, d'un procédé fort simple pour obtenir des artichauts pommés d'une forte dimension : on l'applique surtout à la variété d'artichauts violets à tête arrondie, qu'on cultive spécialement en Provence. On repique les œilletons au mois d'août comme à l'ordinaire, on arrose le pied avec des excréments humains liquides, et lorsque la pomme s'élève au-dessus des feuilles, on enfonce au bout de la tige, à environ 2 ou 3 pouces du calice, deux bûchettes de roseau en croix. La pomme grossit en s'arrondissant davantage, les feuilles se serrent, deviennent tendres et succulentes, et le fruit acquiert toute sa maturité à la fin de décembre. La même méthode de culture appliquée au chou commun, donne un légume pommé beaucoup plus gros et plus délicat. Quant aux choux-fleurs, on emploie un moyen qui s'explique par les mêmes principes de physiologie végétale, mais qui en diffère mécaniquement. On cerne la tige au-dessous des premières feuilles par une légère incision annulaire, et on y fait une ligature comme cela se pratique pour les marcottes; on obtient ainsi des choux-fleurs d'une grosseur prodigieuse et très-succulents (1835).

Autre procédé pour faire grossir les têtes d'artichauts.

1° Avec la serpette fendre la tige au-dessous du fruit, allonger cette fente de 8 centimètres environ; 2° faire une seconde fente semblable croisant la première à angles droits; 3° insinuer dans les fentes un petit morceau de bois pour les tenir entr'ouvertes; 4° replier les feuilles de la plante sur la plaie pour la garantir du soleil.

Cette opération très-simple double et triple le volume des artichauts (1841).

Pour purifier l'air des intérieurs.

Versez du vinaigre commun sur de la craie en poudre, jusqu'à ce qu'il n'y ait plus de bouillonnement. Laissez déposer et décantez le liquide. Faites sécher le résidu, mettez-le dans une terrine ou un vaisseau de verre, et versez-y ensuite de l'acide sulfurique, aussi longtemps que vous verrez s'en élever une vapeur blanche. C'est cette vapeur qui, condensée à l'état liquide, donne le vinaigre aromatique du commerce. Elle se répand et pénètre partout avec promptitude, ce qui la rend très-utile pour purifier l'air dans les hôpitaux, les prisons, les vaisseaux et les maisons où il peut être vicié. Le peu de dépense que ce moyen occasionne et sa facilité doivent le faire préférer à tout autre (1841).

Pour rendre le papier incombustible.

Il suffit de tremper du papier dans une forte solution d'alun, et ensuite de le faire sécher, pour le rendre incombustible. Peu importe que le papier soit blanc, écrit, imprimé, peint ou marbré. Le procédé convient à tous. Il y a mieux : c'est que, loin d'altérer la couleur ou la qualité du papier, cette opération contribue à les améliorer. On conçoit à combien d'applications importantes une telle indication peut servir.

Quelques papiers nécessitent deux trempages (1841).

Pour donner au bois un noir d'ébène.

« Mettez de la bonne encre avec de petits morceaux de fer bien rouillez, que vous laisserez tremper quelques jours, puis en frotterez votre bois, et il sera beau et bien pénétré, et le polirez ensuite. » (1685).

Pour avoir de belles asperges pendant quinze années.

Un recueil du siècle dernier expliquait ainsi ce qu'il y avait à faire.

« Un plan d'asperges qui, d'ordinaire, n'en donne de belles qu'au bout de trois ans, dépérit ensuite au bout de sept ou huit ans, au point de n'en plus produire que de petites, minces et effilées. Des amateurs du jardinage ont observé que le plan fournit d'autant moins de belles asperges, qu'il poussoit un plus grand nombre de racines; et l'on sait que dans un vieux plant, ces racines sont à l'infini. Quoique dans la nombreuse famille des végétaux, l'expérience démontre que plus ils ont de racines, plus ils profitent; cependant les asperges paroissent s'éloigner de cette règle.

D'après ces réflexions, un observateur a fait construire une fosse de la profondeur de six pieds, qu'il a fait paver dans le fond, et dont il a fait revêtir les côtés de maçonnerie jusqu'à fleur de terre comme ceux d'un vivier. Il y a mis de la terre; et y ayant planté des asperges, il en a recueilli de grosses, belles et très-bonnes pendant plus de quinze ans. Dans une fosse d'asperges ainsi disposée, le plant ne peut point s'épuiser en racines, parce qu'aussitôt qu'elles rencontrent les pierres, elles ne peuvent plus croître : le suc qui se seroit porté aux racines tourne au profit de l'asperge. »

Manière de dissiper l'odeur des asperges.

On a trouvé le moyen de dissiper sur-le-champ la mauvaise odeur qu'exhale l'urine quand on a mangé des asperges. Il s'agit de mettre au fond du vaisseau dont on se sert pour uriner de l'eau mêlée d'esprit de sel. Ce moyen, qui n'est pas d'une grande dépense, est préférable à toutes les eaux de senteur qui ne font que déguiser la mauvaise odeur des asperges, puisqu'il l'absorbe entièrement, et n'en laisse subsister aucune trace (1776).

Autre moyen de rendre les asperges plus digestibles et les empêcher de communiquer aux urines une mauvaise odeur. Mettre les asperges dans une sauce froide faite avec de l'huile, du vinaigre, du sel et du poivre, dans laquelle on délaye un jaune d'œuf (1836). Cet usage est général en Belgique.

Sirop de pointes d'asperges.

Ce sirop convient dans les maladies de cœur et de poitrine. Il a l'avantage de ne pas irriter l'estomac. La dose est d'une demi-once matin et soir pur; on mêle avec une tisane. Prendre des pointes d'asperges fraîches, les piler, et exprimer fortement; laisser reposer, décanter et filtrer le suc au papier joseph; sur une livre de ce suc mettre vingt-huit onces de sucre blanc cristallisé, faire cuire au bain-marie, passer à la chausse de laine, et le conserver avec soin dans des bouteilles (1836).

Pour chasser l'odeur d'aisselles.

Nos pères ont été fort préoccupés des moyens de faire disparaître cet inconvénient dont Henri IV, au dire de Tallemant des Réaux, n'était pas plus exempt que le dernier de ses sujets. Voici un procédé à la mode en 1561 :

« *Pour oster la puanteur des aisselles*, prenez du benjoin bien vieil, faites-le pulveriser et cribler, puis en frottez les aisselles, et elles sentiront bon. »

Celui que je donne ensuite est postérieur d'une centaine d'années; il a des prétentions plus radicales.

« Prenez pour deux ou trois livres (francs) de litarge d'or, et la mettez en poudre comme de la farine; et puis en frottez trois ou quatre fois par jour la partie intéressée, ce que vous continuerez, jusqu'à ce que vous n'ayez plus cette imperfection qui est très-incommode, et déplaît à tout le monde. »

Les vingt-sept manières d'arrêter un saignement de nez.

Tout le monde connaît la *clé dans le dos*, la *pierre tirée du puits* et appliquée sur le front, mais on ne saurait imaginer ce qu'il y a d'autres recettes. En voici quelques-unes dont la revue sera au moins récréative. Je les échelonne par années, sans rien modifier à leurs textes.

I

Prenez de la graisse d'oie et autant de beurre : mettez de cela dans les narines et le sang s'arrêtera (1582).

II

Pour arrêter le sang, prenez de la graisse de la coiffe d'une brebis et en frottez les narines; et le sang s'arrêtera (1582).

III

Prenez de l'herbe dite *polygonom* ou *centinodia*, et en faites une couronne, laquelle vous mettez sur la tête, et cela arrêtera le sang.

L'herbe en question était la renouée, fort employée dans les hémorrhagies (1582).

IV

Brûlez du poil de lièvre sur une pelle, prenez
en le poids d'une once dans un verre de vin
blanc, et le buvez. Cela étanche le sang (1650).

V

Prenez et faites calciner des coques d'œufs
sur la pesle à feu toute rouge, puis réduisez-
les en poudre fort subtile, de laquelle vous
soufflerez dans les narines (1689).

VI

Prenez de la mousse qui croist au pied des
charmes, broyez-la bien entre vos mains, et
prenez-en par le nez (1689). (*Redonnée souvent
depuis.*)

VII

Prenez et broyez du plâtre avec du vinaigre,
et appliquez-en sur le front de l'épaisseur de
deux doigts, si la première application ne
réussit pas, vous pourrez la réitérer (1689).

VIII

Prenez la quantité qu'il vous plaira de limasses ou d'escargots et de grenouilles, faites-les sécher, calcinez et réduisez-les en poudre, que vous soufflerez dans les narines avec un chalumeau (1689).

IX

Prenez du levain de la grosseur d'une noix, un peu de poil de lièvre coupé menu, et un peu de bol d'arménie en poudre; meslez le tout ensemble, détrempez-le avec du fort vinaigre, et appliquez-le ensuite sous les narines (1689).

X

Prenez et mettez des feuilles de menthe sous la langue et aux narines, et tenez-les un assez long temps (1689).

XI

Prenez du sang qui coule du nez, faites-le sécher sur une tuile ardente; pulvérisez-le, et soufflez cette poudre dans les narines (1689).

XII

Prenez de la racine de triple-madame et en mettez dans le nez (1716). (La triple-madame, appelée aussi *tripe-madame* et *trique-madame* est une espèce de joubarbe.)

XIII

On fait souffler dans le nez avec un tuyau de la poudre de feuilles de sureau sèches (1716).

XIV

Il faut jetter quelques gouttes de vinaigre dans l'oreille du côté qui ne saigne pas. (1726). (Une autre recette de 1738 dit *verser doucement* au lieu de jetter.)

XV

Prenez de la feuille de manthe, mettez-la sous la langue un peu de temps, et le sang s'arrêtera (1726).

XVI

Il faut prendre des lardons de vieux lard, et en mettre dedans le nez (1726).

XVII

Aspirez de l'esprit de vin par le nez à plusieurs reprises (1760).

XVIII

Nouveau remède pour arrêter le saignement
du nez ; lequel se trouve toujours sous la main,
et ne manque jamais d'avoir un heureux
succès. Prenez dans le foyer une bonne poignée
de cendres tièdes, que vous mettrez dans une
écuelle à moitié pleine d'eau. Remuez-les un
instant : laissez reposer une demi-minute.
Remuez encore de même, une fois ou deux et
laissez reposer un moment. Coulez par incli-
nation au travers d'un linge, et buvez un verre
de cette eau. Quand le saignement du nez est
fréquent, il faut continuer ce remède pendant
quelques jours, et boire un verre le matin à
jeun et autant le soir en se couchant. — Si le
saignement est peu de chose, on peut prendre
des cendres en guise de tabac (1764).

XIX—XXII

Faites sécher du sang qui coule du nez sur

une pelle chaude, dissolvez de cette poudre dans du vin, et le donnez à boire au malade;

Ou soufflez-lui de cette poudre dans le nez;

Ou bien jettez une demi-once de poudre de vitriol verd dans un demi septier de bon vinaigre : faites bouillir le tout : retirez-le ensuite du feu, et que le malade en reçoive la fumée par les narines;

Ou qu'il attire fréquemment par le nez de l'eau fraîche (1764)..

XXIII

Prendre trois ou quatre feuilles d'ortie, broyer dans un petit vase, faire deux boulettes, les glisser dans les narines d'où coule le sang (1766).

XXIV

Aspirez de l'eau froide dans laquelle on aura fait dissoudre un peu d'alun. Comprimez la narine avec du coton ou de la charpie trempés dans du vinaigre (1832).

XXV

Elever les bras en haut et les maintenir

parallèlement dans cette position. — Si on saigne d'une seule narine, lever le bras de ce seul côté (1858).

L'illustre praticien Velpeau ne dédaignait pas de reconnaître l'efficacité de cette recette populaire et il disait sans façon à ses élèves : « Si vous savez pourquoi, vous me le direz. Car moi je n'en sais rien. »

XXVI

Mettre dans la bouche une petite feuille de papier sec et la coller avec la langue à la voûte du palais (1876).

XXVII

Est-ce là tout ? Non parbleu ! J'ai oublié une des plus anciennes, et certainement la plus jolie ; — elle est d'un savantissime praticien de l'an 1593 qui écrit ceci :

« Tu l'arrêteras si tu peux écrire *Consummatum est* sur le front du patient avec le sang qui coule de son nez. » Et le docteur ajoute sérieusement *Res multis probata*. (Chose prouvée bien des fois.)

Pour chasser l'odeur de l'ail.

Pour empêcher la mauvaise odeur que l'ail laisse dans la bouche après qu'on l'a mangé, on n'a qu'à mâcher une fève ou un haricot crud, sans l'avaler, ou bien une pomme.

La recette est de 1787. Si elle est bonne, souhaitons qu'on la vulgarise le plus possible, dans l'intérêt des voisins.

Pour donner au lapin domestique le goût du lapin de garenne.

On a préconisé trois recettes, à peu près semblables, qui ont été se compliquant et se raffinant avec le temps. La première est de 1776.

1° Mettre dans le lapin que l'on a tué et vuidé du mélilot, et le laisser en cet état quelque temps ; il contracte un fumet des plus agréables.

2° De quelque manière qu'on ait tué un lapin domestique, on lui met dans le ventre, aussitôt qu'il est vidé, un petit paquet de thym ou de serpolet, de mélilot, d'estragon ou d'autres plantes aromatiques, avec un peu de lard ou de beurre, au moment de le mettre à la broche.

3° On prend une pincée de mélilot jaune et blanc, des feuilles de bois de Sainte-Lucie, du serpolet fleuri, autant que cela est possible. On fait sécher séparément ces plantes, d'abord à l'ombre, ensuite au soleil, entre deux feuilles de papier. On les réduit en poudre, que l'on passe dans un tamis de soie. Le lapin étant nettoyé et vidé, on le fait revenir sur le feu. On prend un morceau de lard bien frais; on en gratte la quantité qu'on veut employer; on saupoudre la graisse qu'on a enlevée de ce morceau de lard avec la poudre ci-dessus. On met cette poudre avec la graisse; on en fait une pommade qui ait de la consistance; on en frotte le dedans du lapin; on recoud la peau du ventre; on le pique et on le met à la broche.

Manière de prendre les lapins sans furets.

Comme les recettes amusantes ne sont pas défendues, je prends celle-ci dans un recueil de 1776.

« On *prétend* que si on met une écrevisse dans des trous de lapins, ce crustacé, *étant carnassier*, s'attache à leurs cuisses, le lapin voulant se sauver vient se jeter dans les bourses qu'on a tendues à l'entrée des terriers. — Cette chasse demande de la patience ; l'écrevisse, marchant lentement, est très-longtemps à joindre les lapins. »

Ce procédé rappelle un peu le moyen de prendre les moineaux en leur mettant un grain de sel sur la queue. Depuis, on l'a néanmoins publié plusieurs fois, en omettant la recommandation de la fin, qui permet au chasseur confiant de ne jamais désespérer. En la donnant, d'ailleurs, le recueil de 1776 n'avait fait que résumer la recette d'un traité agronomique de 1760, qui est à la fois plus affirmatif et plus explicite. Nous y remarquons une variante capitale sur le nombre des écrevisses :

« *Manière de prendre des lapins sans furet ni armes à feu.* Il faut se pourvoir d'un certain nombre d'écrevisses, tendre des poches à plusieurs terriers, et glisser une écrevisse dans chaque trou : l'écrevisse arrive peu à peu au fond du trou, pique le lapin et s'y attache, de sorte que le lapin fuit alors avec l'écrevisse qu'il emporte, et vient se faire prendre dans la poche ; il est vrai qu'il faut avoir un peu de patience, parce que l'écrevisse est lente. »

Pour obtenir de très-gros lapins.

Avoir soin de ne pas mélanger les espèces et de ne croiser que les plus forts. On finit ainsi par avoir des sujets de plus en plus gros (1803).

Procédé pour empêcher les légumes de se geler.

Lorsque les serres, dans lesquelles on remet les légumes pour passer l'hiver, ne sont pas bien abritées, on a recours, en Angleterre, au procédé suivant : on place près des tas de légumes un tonneau plein d'eau ; dès qu'elle est gelée, on le remplace par un autre d'eau non gelée, et l'on continue ainsi. L'expérience a démontré que tant que le tonneau contient de l'eau non gelée, les fruits ne gèlent pas (1836).

Conservation du gibier.

Pour conserver certains gibiers· pendant ongtemps, on recommandait au siècle dernier cette méthode d'un gentilhomme du Poitou :

« Vider les animaux et enlever aux oiseaux même le gésier ; car les parties internes sont les premières qui se corrompent. On les remplit ensuite de bled ou d'avoine ; on les laisse dans leurs plumes ou dans leur poil ; on les met ensuite au milieu d'un tas de bled ou d'avoine : étant ainsi garanti du contact de l'air et de l'approche des mouches, le gibier se conserve très-bien. La personne, qui la première a fait cette expérience, dit avoir conservé par ce moyen du gibier pendant un carême entier ; et au bout de ce tems il était aussi frais, et aussi bon que s'il eût été fraîchement tué » (1755).

Préservatif contre le mauvais air.

Ceux qui visitent les malades doivent, pour se préserver du mauvais air, se faire une habitude de ne jamais avaler leur salive, mais de la rejeter de temps en temps pendant qu'ils restent dans la sphère des exhalaisons de la sueur et de l'haleine des malades. (Recette du *Doct.* Dobrzenski, 18e siècle, souvent reproduite depuis.)

Aimant artificiel.

On peut communiquer à l'acier la vertu magnétique en suspendant une lame de six pouces de long, sur un pouce de largeur environ, dans une situation verticale. Il acquiert d'autant plus la propriété attractive qu'il a resté plus longtemps dans cette position. Mais il est un moyen plus prompt pour obtenir le même résultat.

Ce moyen consiste à mettre une pièce d'acier sur une enclume bien polie, et à la frotter suivant sa longueur et toujours dans le même sens, avec une grosse barre de fer verticale, dont l'extrémité inférieure est arrondie et bien polie, et en répétant ce frottement un grand nombre de fois sur toutes les faces de la pièce d'acier qu'on veut aimanter. Cette expérience réussit beaucoup mieux lorsque le morceau de fer ou d'acier qu'on veut aimanter est dans la direction du méridien magnétique (un peu incliné vers le nord), et surtout entre deux grosses barres de fer assez longues pour contenir et contre-balancer l'effort des écoulements magnétiques qu'on imprime au morceau d'acier (1822).

Pour faire mûrir les figues.

Dans le Midi et même en Italie, on hâte la maturité des figues dont l'œil commence à rougir en laissant tomber sur cet œil une imperceptible goutte d'huile. Une figue huilée mûrit dix jours avant celle qui ne l'est pas.

Il y a plus de cent ans (1769) que ce même moyen était pratiqué plus au nord de la France, mais avec certaines variantes. Les branches les plus chargées de fruits étaient piquées avec un canif à un demi-pied au-dessous du fruit. Contre cette piqûre était lié un petit cornet de parchemin plein de fiente de pigeon et d'huile. Tous les quatre ou cinq jours, on mettait une goutte de ce mélange sur les figues comme ci-dessus et leur maturité arrivait en avance d'un mois. D'autres plus ingénieux encore, mais moins ragoûtants, ont prescrit d'enduire complétement les fruits de ce mélange d'huile et de fientes de pigeon. Il n'est pas besoin de demander si on pelait le fruit pour le manger.

Pour préserver de la gelée certains arbustes.

On a vu en Anglelerre, dans les hivers de 1708 et 1709, presque tous les arbres périr, excepté les mûriers, dont les feuilles avaient été arrachées avant l'hiver pour la nourriture des vers à soie. Ces arbres, ayant été privés de bonne heure de leurs feuilles, n'étaient plus abreuvés de ce suc aqueux que les feuilles boivent avec abondance. On reconnaît donc ici la sage disposition de la nature, qui exige que les arbres quittent leurs feuilles avant l'hiver, parce qu'elles leur font autant de mal dans cette saison qu'elles leur sont favorables dans les autres.

Comme les arbres qui viennent des pays méridionaux contiennent plus de suc aqueux que ceux qui croissent dans le nord, et sont par conséquent les plus exposés à la gelée, la nature nous présente elle-même le remède à apporter pour les garantir : c'est d'en arracher les feuilles avant qu'elles tombent d'elles-mêmes ; toutefois en observant la marche de la nature, c'est-à-dire en ne faisant pas cette opération en un seul jour, mais petit à petit.

Avant d'agir plus en grand, on peut aisément

faire l'expérience sur les petites branches du sommet des arbres, qui gèlent assez ordinairement; en les privant de bonne heure de leurs feuilles, on les empêchera de geler. On doit commencer à dépouiller les arbres les plus aqueux, ainsi que les arbres exotiques, et ceux qui sont nouvellement plantés plutôt que ceux qui ont été longtemps dans le pays, ou qui sont plantés depuis longtemps. En général, on peut juger que les arbres qui poussent leurs feuilles les premiers au printemps sont les plus aqueux; aussi la nature, toujours réglée dans ses opérations, les dépouille-t-elle les premiers dans l'automne (1776).

Moyen économique de rectifier l'alcool.

La vessie de porc est un filtre à travers lequel l'humidité peut passer, mais qui retient les vapeurs de l'alcool. Si on expose à l'air sec, au soleil, ou à une douce chaleur une vessie fermée exactement et dans laquelle on a introduit de l'alcool à 30 degrés, au bout de quelque temps on trouve que l'alcool en marque 40 (1841).

Pour préserver la fleur des arbres de la gelée d'avril et de mai.

Outre les procédés qui consistent à couvrir les espaliers de nattes de paille, ou à les garantir du froid au moyen de rideaux de différentes matières, il en est un plus simple. On recueille en automne des tiges d'asperges, de persil, et autres plantes semblables. Quand les arbres sont sur le point d'être en fleurs, on forme de toutes ces tiges des espèces de petits balais longs d'un à deux pieds, et de la grosseur du poing. On les attache au mur, soit au moyen des clous, soit au moyen d'os de pied de mouton qu'on y a fait planter pour cet usage. Ces petits balais doivent recouvrir, en grande partie, les fleurs des arbres. Outre l'avantage qu'ils ont de garantir les fleurs du froid, ils empêchent que le soleil du matin ne vienne agir sur elles avec trop de force, et ne les brûle. Cependant, comme ils sont très-clairs, ils laissent le soleil pénétrer dans leurs intervalles, et s'opposent seulement à ce que son action soit vive et permanente. On peut les laisser jusqu'à ce que les gelées ne soient plus à craindre. Ils produisent des effets avantageux, même sur les arbres en plein vent (1826).

Pour enlever le mauvais goût du café avarié par l'eau de mer.

Ce procédé consiste à jeter le café dans l'eau bouillante, à l'y laisser quelques minutes, à l'en retirer, et à l'exposer au grand soleil, ou, ce qui vaut mieux encore, dans une étuve (1822).

Pour faire luire les armes.

Le seizième siècle était encore le beau temps des armures de guerre. Pour l'édification des *astiqueurs* modernes, j'ai pris dans les livres de cette époque-là deux recettes de mine assez étrange. En voici le texte ancien.

« *Pour tenir les armures ou bâtons de guerre nettement qu'ils ne s'enrouillent.* — Prends plomb et le lime bien menu, mets-le dans un vaisseau avec autant d'huile d'olive qu'il suffise à le couvrir, et laisse-le ainsi neuf jours, puis de telle huile frotte les armures ou épées et bâtons de guerre, tu verras l'effet (1544). »

« *Pour faire que les armures soyent tousjours luyssantes.* — Pren vin-aigre qui soit fort, alun de roche et le reduictz en poudre, mesle-le ensemble avec le vin-aigre, et oings de ce les armures, et elles seront tous jours luyssantes, ou les oingts de moelle de cerf (1561). »

Perfection et conservation des liqueurs.

On perfectionne et conserve les liqueurs qui viennent à éprouver quelque défaut, en tenant le vase qui les renferme un peu moins que plein, en le bouchant exactement et en l'exposant dans cet état en un lieu d'une chaleur plus que tempérée. Un petit mouvement semblable à la fermentation a lieu, et le degré de perfection des liqueurs s'acquiert ainsi assez promptement ; on parvient au même résultat en les faisant passer au bain-marie, ayant toujours soin de laisser du vide dans le vase et de le boucher exactement.

Le grand froid produit un effet semblable (1819).

Pour faire pousser les laitues en quarante-huit heures.

Tremper la graine dans de l'eau-de-vie;

mêler au terreau un peu de *colombine* (fiente de pigeon recueillie dans les colombiers), et de poudre de chaux bien éteinte; semer en serre chaude. Les laitues ainsi traitées ne durent que huit jours sur couches.

Moyen de hâter la végétation des laitues.

Dès le mois de février, faire tremper la graine pendant vingt-quatre heures; laisser sécher dans un lieu chaud; semer, et couvrir de cloches. On peut manger ces laitues en salade au bout de dix à douze jours (1836).

Pour maigrir.

Tout le monde n'a pas le bonheur de peser *dix-sept cents* livres comme ce jeune Anglais, dont parlèrent tant les feuilles publiques de l'année 1725, et qui mangeait par jour 80 livres de viande. Je donne les chiffres du *dictionnaire de Trévoux* (1771) qui me paraissent invraisemblables; 700 livres de poids et 8 livres de viande seraient déjà bien assez. Il mourut quatre jours après avoir salué le roi d'Angleterre, curieux de voir le plus gros de ses sujets. L'histoire ajoute qu'en considéra-

tion de son énormité, il fut dispensé de s'age-
nouiller, selon l'usage.

Mais sans peser dix-sept cents, il est bien
des gens qui se trouvent trop gros et cherchent
à maigrir. Les traces de cette préoccupation
sont manifestes dans les vieux [recueils des
trois derniers siècles où se rencontre le plus
souvent cette recette bizarre. Elle fut surtout
en vogue sous Louis XIV.

*Cassez des noyaux de cerises, et les mettez
en sucre comme dragée, et en usez soir et
matin : vous pouvez user de mesme de gravelée
de vin blanc, comme du sel en vos viandes. —
Esprouvé.* (Année 1686.)

Esprouvé est toujours le mot par lequel
les empiriques du temps passé terminaient
leurs prescriptions. Cela voulait dire qu'on
avait fait l'épreuve du remède et qu'elle avait
réussi. *Eprouvé!* en un mot, c'était net comme
un commandement et cela imposait la foi. —
Ajoutons qu'on appelait *gravelée* la lie de vin
brûlée et réduite en cendres au feu de réver-
bère.

Quand les donneurs de recettes voulurent
réfléchir, ils s'aperçurent aisément que les
personnes grasses étaient surtout celles qui ne
marchaient guère, par goût ou par nécessité.
On prescrivit donc l'exercice ; je vois poindre

cette tendance dans cette autre recette datée
de 1822, mais elle est enveloppée dans des
prescriptions plus ou moins bizarres; celle des
bains chauds par exemple qui passe généralement pour faire plutôt engraisser.

« *Moyen de guérir l'excès d'embonpoint.*
Plusieurs personnes se sont très-bien trouvées
de l'application de ceintures remplies de sel,
qui fond lentement et sans danger la substance adipeuse de la peau, et de proche en
proche celle des parties qu'elle contient. Les
aliments aromatiques, les bains chauds, les
lotions savonneuses, un exercice forcé, peu de
sommeil, quelques purgatifs, les boissons
acides et sudorifiques, le café, les liqueurs
spiritueuses, préviennent aussi une trop grande
obésité. »

En ce moment c'est le traitement Banting
qui est à la mode. Il est plus rationnel en ce
qu'il constitue un régime et non un remède.
Williams Banting était un Anglais sexagé-
naire lourd de 200 livres qui vint à bout d'en
retrancher en vingt jours 46, soit 2 livres
par jour. Voici les seuls remèdes qu'il prit
pour cela. Je les donne d'après lui, et je
connais bien des pauvres gens qui voudraient

être condamnés à les prendre toute leur vie. Il est vrai que ce ne sont pas les plus gras.

« *Traitement Banting*. — A déjeuner, 4 ou 5 onces de bœuf, ou mouton, ou rognon, ou poisson grillé, ou lard, ou viande froide de toute sorte, à l'exception du porc frais; une grande tasse de thé, sans sucre ni lait, un petit biscuit ou une once de pain rôti.

« A dîner, 5 ou 6 onces de poisson (pas de saumon) ou de viande (pas de porc frais), toute espèce de légumes (pas de pommes de terre); une once de pain grillé, le fruit d'une tarte, mais sans pâtisserie, volaille, gibier, deux ou trois verres de bon bordeaux, xérès ou madère, — champagne, porto ou bière défendus.

« Au thé, 2 ou 3 onces de fruit, une once de pain rôti, une tasse de thé sans sucre ni lait.

« Au souper, 3 ou 4 onces de viande ou poisson, comme pour le dîner, avec un verre ou deux verres de bordeaux. Avant de se coucher, si on en sent le besoin, un verre de bordeaux ou xérès.

Le docteur Cazenave a fait au sujet du traitement Banting les réflexions suivantes :

« On comprend d'ailleurs qu'il soit modifiable suivant les habitudes, et un peu, suivant la force, la santé des individus. Ainsi ces quatre repas dont on a plaisanté, et qui sont le fait des coutumes anglaises, peuvent parfaitement être ramenés au nombre qui nous est habituel. Le point important, c'est leur régularité et leur composition. Quant à être dangereux, comme on l'a dit, je ne le crois pas. Il est clair qu'il doit être suivi avec une sévérité plus ou moins rigoureuse, suivant la force et la tolérance des individus, et enfin qu'il faut l'employer avec discernement, et ne pas compromettre gravement la santé pour se débarrasser d'un excès d'embonpoint. J'ajouterai que j'ai vu plusieurs personnes à qui il avait parfaitement réussi, sans déterminer aucun accident. »

On a parlé aussi de massages répétés comme d'un moyen excellent de combattre l'embonpoint. Mais après ce qui vient de se passer entre une artiste dramatique bien connue et son masseur, il est permis d'en douter. Comme l'affaire est instructive et amusante, elle mérite d'être rappelée ici :

Le médecin réclamait de gros honoraires (4,730 francs pour 235 heures de massage). L'artiste soutenait n'avoir plus rien à lui donner et rester dans les limites d'une convention conclue à forfait.

On avait promis de diminuer son embon-point, on n'y était pas arrivé, bien qu'elle se fût astreinte de la meilleure grâce à toutes les prescriptions. L'une d'elles lui avait même causé un sérieux dommage, et l'avocat de Mlle X... l'a constaté en ces termes :

« Un soir qu'elle venait du théâtre, Mlle X... vit arriver son docteur : il portait un pot de grès.

« Il y avait là-dedans une pommade jaune foncé, qui allait faire merveille. Le docteur en étendit plusieurs couches sur la poitrine de sa cliente, enveloppa le tout de feuilles de ouate et ordonna que, sans y toucher, on passât ainsi la nuit. Mlle X... se laissa faire. Le lendemain, quand elle retira la ouate dont j'ai parlé, la peau vint avec ! Pour le coup ma cliente, qui n'avait vu diminuer que sa con-fiance, cessa tout traitement. »

En résumé l'artiste, qui avait donné un à-compte de 500 francs, ne demandait rien pour sa peau, mais elle croyait avoir bien payé la science. La justice lui a donné raison, ce qui me semble assez naturel.

Mais puisque voilà Mlle X... lancée dans

cette voie restrictive, qu'elle me permette de lui signaler un autre docteur. Celui-là ne lui coûtera rien et ne la traînera pas devant les tribunaux, car, il fut à la mode il y a trois siècles, et il y a longtemps qu'il ne fait plus maigrir personne. Antoine Mizaud (c'était son nom) fut aussi préoccupé des moyens de contenir dans de justes limites les parties dont le développement inquiète Mlle X...; vers 1592 il publia même une recette *ad mammas cohibendas ne nimis augeantur* (en français pour arrêter le trop grand accroissement des seins). Cette recette, nous la donnons pour rien, car, à défaut des mérites dont notre sexe nous empêche de faire l'expérience personnelle, elle a ceux d'être courte et de paraître inoffensive. La voici en une ligne, toujours en latin : *aqua epineis nucibus immaturis linteis foris apposita.* Si au lieu d'*epineis*, on lit *é pineis* en deux mots (ce qui serait préférable), la traduction donne: *Apposez extérieurement des compresses imbibées d'eau de pommes de pin vertes* (avant maturité).

Maintenant comment s'obtenait cette eau de pommes de pin ? Mizaud ne le dit point, mais j'arriverai bien à le découvrir un jour.

Ajoutons que Pline et, bien après lui, le savant Rondelet n'ont pas dédaigné de s'occuper de cette grave matière. Ils déclarent avoir

éprouvé que le poisson de mer appelé *ange* [1]
appliqué sur les seins d'une femme leur donne
une dureté égale à ceux d'une jeune vierge.

Pour noircir les sourcils.

Si le mot *maquillage* était inconnu à Paris
sous la Restauration, on ne s'en fardait pas
moins par tous les moyens possibles. Rien que
pour noircir les sourcils, voici quatre procédés
datés de 1819. Et je ne les prends pas tous.

1. Lavez d'abord vos sourcils avec la décoction de noix de galle; ensuite frottez-les
avec un pinceau trempé dans la dissolution de
vitriol vert, et laissez-les sécher.

2. On les noircit aussi en se frottant souvent
avec des baies de sureau.

3. Quelques personnes se servent de liége
brûlé, ou de girofle brûlé à la bougie.

---

(1) L'*ange* est en effet un poisson de mer qu'on
fait passer pour la raie, mais il est plus gros et
moins tendre. L'expérience est donc facile à faire
et peu coûteuse, — moins coûteuse certainement
que celle de toutes les recettes mystérieuses prô-
nées depuis quelque temps à la quatrième page
des journaux.

4. D'autres se servent de noir d'encens, de résine de mastic. Ce noir ne s'en va pas avec la sueur.

Pour avoir des cerises sans noyaux.

C'est un curé du diocèse du Mans, nommé Salmon, qui, vers 1760, a trouvé, le premier, moyen d'obtenir des cerises sans noyaux. Voici le récit fidèle de son expérience, d'après un manuscrit contemporain :

« Il tira d'une pepiniere un jeune cerisier provenu de noyau qui n'avoit poussé qu'un seul jet. L'année suivante, au printemps, avant la pleine action de la séve, il fendit ce jeune arbre en deux, depuis l'extrémité supérieure, jusqu'à l'enfourchement des racines. Ensuite avec un morceau de bois, il enleva artistement toute la moëlle et légèrement, de peur d'altérer trop les organes de la plante (il est bon d'observer qu'il eût grand soin aussi de ne point employer de fer pour l'opération, sinon pour la commencer). Il réunit ensuite les deux morceaux du jeune arbre, les lia avec un cordon de laine, et boucha exactement les fentes dans toute leur longueur, avec l'espece de cire dont se servent les mouleurs pour faire leurs moules.

« Lorsque la séve eut bien réuni les deux parties de l'arbre, il coupa son cordon de laine; l'arbre crût et lui donna des cerises aussi belles et aussi bonnes que d'autres cerisiers; mais elles étoient sans noyaux, ou plutôt il n'y avoit à leur place qu'une espece de blanc sans consistance. Cette expérience paroîtroit donc prouver que la moëlle des arbres est nécessaire pour la propagation ; mais, dira-t-on, on voit des arbres, des abricotiers ou autres, qui, en vieillissant, ont perdu toute la moëlle de leur tronc, et qui cependant produisent des fruits avec leurs noyaux. Mais il faut observer que les branches de l'arbre ne sont point privées de moëlle ; au lieu que l'opération qu'on a faite sur le jeune arbre dont nous venons de parler, a dû changer tout-à-fait la structure de ses organes.

« Que de vues ne présente point cette expérience pour se procurer des fruits sans noyaux? et surtout de ces petits fruits qui abondent en une multitude de pepins, tels que raisins, groseilles, épine-vinettes, etc. On sait que l'épine-vinette sans pepins ne se trouve que sur pieds très-vieux, où le temps a apparemment produit une altération très-grande dans les organes. »

Pour augmenter la dureté du plâtre.

Versez, dit M. Pestorius, auteur de ce nouveau procédé, dans l'eau dont vous voulez faire usage pour gâcher le plâtre, assez d'acide sulfurique pour la rendre aussi acide que du fort vinaigre ; en cet état, le plâtre prend plus vite, il est vrai, mais aussi il se laisse pétrir plus facilement. Lorsque l'ouvrage est terminé, on vergète la surface avec une pareille eau acidulée (1835).

La recette de l'aloyau.

Je la donne par respect pour son auteur, qui fut le précurseur de Brillat-Savarin, car beaucoup de personnes la trouveront peu ragoûtante. Je ne parle pas de la difficulté d'avoir un fabricant de suif sous la main, mais la gourmandise ne connaît pas de distance.

Grimod de la Reynière, dans l'*Almanach des Gourmands* (3e année, 1805), donne une recette pour faire cuire l'aloyau qu'il assure excellente. Elle consiste à le faire cuire dans le suif. Lorsqu'on a choisi l'aloyau, dit-il, on le porte chez un fondeur de suif en branche, et lorsque le suif est prêt à bouillir, on le descend avec une corde dans la chaudière, et on l'y laisse jusqu'à ce qu'il soit à moitié cuit; on le fait ensuite égoutter, puis on le porte dans un lieu frais, en sorte que le suif, saisi par le froid, forme une enveloppe, et en quelque sorte une croûte autour de l'aloyau. Lorsqu'on veut le faire rôtir, on le met à la broche devant un feu très-clair; alors tout le suif en découle, et l'on se garde bien de l'arroser avec. Mais ce suif, en s'emparant des pores de l'aloyau, a empêché le jus d'en sortir, en sorte que lorsqu'il est cuit, toujours saignant, qu'on le met sur la table, qu'on l'y découpe en tranches fort minces, il rend une telle abondance de jus, que c'est une véritable inondation. Grimod de la Reynière ajoute : « Nous invitons les gourmands du premier ordre à faire usage de cette recette; ils conviendront, après l'avoir éprouvée, qu'ils n'ont jamais mangé d'aloyaux plus succulents, et même plus tendres que ceux au suif, et ils ne voudront plus en manger préparés d'une autre manière. »

Pour rendre l'acier tranchant.

Ce secret de 1561 gagne à être reproduit dans toute sa naïveté :

Pour faire que l'acier tranche le fer comme plomb.

« Pren l'acier, et le purge bien, puis pren des vers qui naissent en terre, et en fay de l'eau en l'alembic, puis pren du suc de raifort autant de l'un comme de l'autre, et y estains l'acier bien embrasé, par quatre ou cinq fois, puis en fay des couteaus, épees ou dagues, et ils couperont le fer comme du plomb. »

Angine couenneuse.

Vers 1874, le conseil général de la Mayenne a fait imprimer aux frais du département une brochure sur la méthode employée avec succès par le Dr Trideau dans une épidémie locale d'angine couenneuse :

Parmi les formules qui terminent la brochure, se remarque celle qui consiste simplement à faire prendre par cuillerées en vingt-quatre heures une potion contenant douze grammes de poivre cubèbe frais délayés dans cent vingt grammes d'eau, de sirop de sucre et de vin de Malaga : — Le dosage précité convient à un enfant de six ans.

Pour les hommes et les adultes, on porte la dose de cubèbe de 20 à 30 grammes en augmentant proportionnellement la potion. L'essentiel est ici le cubèbe. Si on n'a pas le vin sous la main, on se contente du sirop de sucre. L'important est d'agir dès le début du mal. — Pour l'alimentation du malade, beaucoup de lait.

En 1593, on en était encore pour le traitement de l'angine à l'eau de pervenche et surtout à l'eau de scabieuse. On y ajoutait une once d'eau-de-vie par livre et on en imbibait des compresses tenues trois heures chacune sur le col du patient. N'oublions pas le *foie d'oie* qui tenait aussi une place distinguée parmi les moyens curatifs. Il est plus d'un gourmand qui renouvellerait volontiers cette dernière expérience.

Arbres fruitiers. — Procédé pour les faire grossir avant le temps.

On prétend que lorsqu'un arbre tel que cerisier, prunier ou autres, est parvenu à la grosseur d'un pouce, il ne s'agit que de fendre l'écorce de l'arbre depuis le haut jusqu'en bas; la séve en découle d'abord en abondance; mais il se reforme une pellicule fine qui recouvre cette ouverture. On peut faire plusieurs incisions sur le même arbre; on doit cependant observer de ne les pas faire du côté du midi, parce que le grand soleil dessécheroit trop cette partie ouverte, et feroit soulever l'écorce. On prétend qu'un jeune arbre fruitier traité de cette manière peut devenir aussi gros au bout de quatre ans, qu'un autre pourroit l'être en douze ans.

C'est ainsi qu'on en use, dit-on, à la Nouvelle-Orléans, pour faire grossir les pêches et autres arbres fruitiers à noyaux (1776).

Liqueur propre à hâter, en hiver, la floraison des ognons de fleurs, dans les appartements.

Il faut prendre 3 onces de sel de nitre, 1 once de nitre cubique, 1 demi-once de potasse, 1 demi-once de sucre, et 1 livre d'eau de pluie.

On fera fondre les sels à une chaleur douce, dans un pot de terre vernissée; la solution achevée, on y ajoutera le sucre, et on filtrera.

Cette liqueur se met à la quantité de huit à dix gouttes dans une carafe à fleurs, pleine d'eau de pluie ou de rivière. On a soin de tenir ces carafes toujours pleines, et d'en renouveler l'eau tous les dix à douze jours, en y mêlant, chaque fois, une dose pareille de la liqueur. Il faut placer les ognons sur la corniche d'une cheminée où l'on fait régulièrement du feu.

On peut se servir du même mélange pour l'arrosement des fleurs dans des pots, ou pour remplir les assiettes sur lesquelles on les pose, afin d'entretenir humides la terre et les ognons qu'ils contiennent (1822).

Pour planter les arbres fruitiers.

« Veut-on obtenir par boutures des arbres à fruits, poiriers, cerisiers, pommiers, pruniers, cognassiers, etc., voici comment il faut procéder : prendre un jet comme celui d'une greffe, lui couvrir le bout inférieur de cire, le mettre dans l'eau et l'y laisser trois semaines à peu près ; on la renouvelle de temps en temps, jusqu'à ce qu'il pousse de petites racines longues d'un centimètre ; le planter alors avec précaution, en ayant soin que les racines ne soient pas blessées. Il ne faut couper le bout supérieur des boutures que quand on les plante, car les feuilles qui s'y développent favorisent la pousse des racines. Ces racines sortent du bois et soulèvent un peu l'écorce pour sortir. Ce procédé a été trouvé par un horticulteur qui, ayant oublié des greffes dans un verre d'eau et ayant aperçu les petites racines, eut l'idée de les planter » (1858).

Assainissement des abreuvoirs.

Pour assainir un abreuvoir d'eau dormante, il suffit d'y mettre des poissons, tels que la tanche, le gardon, et surtout le carassin (1822). La tanche dévore toutes les sangsues.

Raccommodage de la faïence.

Du temps où les écuelles de bois et d'étain trouvaient encore leur place sur le dressoir du pauvre, la faïence était un objet de luxe relatif qu'on mettait tous ses soins à conserver. Aussi s'est-on préoccupé de bonne heure du soin d'en réunir les morceaux. Voici une recette de 1764 :

« *Mastic pour la Fayence*. Faites calciner des écailles d'huitre, et les réduisez en poudre très-fine : elles doivent être tamisées au tamis de soie ou broyées sur le marbre au point d'être impalpables. Prenez un ou plusieurs blancs d'œufs selon que vous aurez de poudre ou d'ouvrage à faire. Faites-en, avec de la poudre, une pâte ou colle, dont vous oindrez les deux parois opposés de la fayence que vous voulez rejoindre, et les replaçant l'un contre l'autre comme ils doivent être, tenez-les serrez et en état pendant une demi-quart d'heure : il ne faut pas plus de tems pour secher parfaitement ce lut, qui ne craint plus ni le feu, ni l'eau. »

Cette recette nous est arrivée sans changement, et, sauf l'orthographe, nous la retrouvons littéralement reproduite dans les recueils modernes. Seulement l'huître calcinée est remplacée par la chaux vive, qui se trouve toute faite et qu'on se procure plus aisément.

En 1836, on a publié cet autre procédé. S'il est aussi bon, il a le mérite d'être plus simple d'exécution :

Colle pour rejoindre la faïence et la terre de pipe. Prendre une poignée de farine de fleur de froment, la pétrir avec un peu d'eau, la placer au-dessus du filet mince d'une fontaine, et pétrir toujours, jusqu'à ce qu'il ne reste plus que le gluten. C'est une partie insoluble dans l'eau, qui la laisse très-claire. On étend une couche de gluten mince sur un des côtés du vase brisé ; on rajuste avec l'autre et on laisse sécher. Cette colle s'emploie de suite, et ne se conserve pas.

Bain de vapeur artificiel.

Voici un moyen excellent de prendre un bain de vapeur à l'usage des malades qui ne peuvent se déplacer.

On prend un morceau de chaux de la grosseur d'un citron et on en frotte légèrement un drap que l'on a préalablement humecté.

On enveloppe alors ce drap ainsi préparé dans un second drap parfaitement sec et on plie le tout de manière à former un paquet plus long que large.

On prépare ainsi deux paquets que l'on place de chaque côté du malade. Bientôt l'eau se combine à la chaux et une chaleur abondante et humide se développe. L'effet peut durer deux heures environ.

Au bout de ce temps, la transpiration ayant été suffisamment établie, on retire la chaux qui, réduite en poudre, s'enlève facilement du drap (1874).

Quinze moyens de chasser les mouches.

Peu connue à Paris, hors du voisinage des boucheries, des fruiteries et des écuries, la mouche fait le désespoir de nos campagnes.

Elle salit tout, elle tourmente bêtes et gens.
On ne trouvera pas mauvais que nous ayons
rassemblé tous les moyens préconisés depuis
trois siècles pour la chasser ou la détruire.

1. Pour chasser les mouches de quelque
lieu, prends un rameau d'arbre frais cueilli,
ou bien un drap de linge blanc, oings-le du
jus de pimprenelles ou d'orpiment royal, tu
verras que toutes les mouches du lieu auquel
tu mettras dudit linge ou rameau, elles iront
s'asseoir dessus, et autant qu'il y en aura,
autant en mourra, et changeras le rameau
de six jours en six jours (Recette de l'an 1544).

2. Si tu veux chasser les mouches, use du
jus de feuilles de citrouille (1592).

(Cette recette développée se retrouve ensuite
dans tous les recueils postérieurs.)

3. Faire infuser des feuilles de tabac dans
l'eau pendant vingt-quatre heures, ajouter du
miel et faire bouillir une heure, saupoudrer
ensuite de farine de froment. Cela attire les
mouches, et celles qui en boivent meurent
(1709).

4. Fais tremper pendant trois jours une

botte de poireaux dans un demi-seau d'eau au moins. Tout ce qui sera frotté de cette eau chassera les mouches (1709).

5. Lavez les murailles avec du jus des feuilles de citrouille, après les avoir bien pilées; elles n'en approcheront pas : on peut frotter de ce jus les cuisses et le ventre des chevaux.

A l'égard des bœufs, frottez-les avec des baies de laurier cuites dans l'huile, et les mouches ne les tourmenteront plus (1764).

6. Autre moyen de chasser les mouches, et de les empêcher de gâter les meubles, dorures, glaces et les tableaux. Ce n'est pas en les détruisant qu'on peut parvenir à s'en débarrasser, puisqu'aussitôt elles sont remplacées par d'autres : il s'agit de les empêcher d'entrer dans les chambres lors même que les fenêtres et les portes restent ouvertes. Pour cet effet : frottez les murs ou la boiserie des chambres avec de l'huile de laurier et en plusieurs endroits seulement: s'il y en entre quelques-unes, elle n'y resteront pas longtems, parce qu'elles ne peuvent souffrir cette odeur. On peut renouveller ce secret de tems en tems. Cette odeur n'est pas désagréable

au point de ne la point souffrir; et en cas
qu'on ne le puisse, on peut du moins user de
cette méthode pour les offices, cuisines, salles
à manger (1764).

7. Piler beaucoup de feuilles de courge,
et du suc qui en sortira, en frotter le poil du
cheval tous les matins avant de l'employer à
l'ouvrage; on pourra faire de même à l'égard
des autres animaux. Les mouches, comme par
miracle, n'en approcheront très-certainement
pas (1787).

8. Pilez des fleurs ou baies de laurier bien
menues, et les faites cuire dans de l'huile;
après frottez-en vos bœufs, les mouches n'en
approcheront pas (1787).

L'huile de laurier se prépare aussi en pilant
des baies de laurier bien mûres, que l'on fait
macérer pendant huit ou dix heures au bain-
marie dans de la graisse de porc, et que l'on
passe ensuite par expression à travers un
linge : l'huile préparée avec les feuilles n'est
pas si odorante.

9. On prétend que si l'on met dans du lait
des champignons de l'espèce vénéneuse, coupés
par morceaux, les mouches qui viennent

boire de ce lait périssent sur-le-champ. Cette épreuve peut même servir à reconnaître les espèces de champignons dangereux.

En Allemagne les paysans ramassent une grande quantité de l'espèce de champignon nommé *muscarius*, parce que les mouches en sont très-friandes; ils les vendent au marché; on les met dans les appartements en les coupant par morceaux; les mouches qui en goûtent périssent presque sur-le-champ.

10. Le lait avec le poivre est, dit-on, un poison pour les mouches (1795).

11. Dans les cuisines on suspend au plancher des bouquets de pariétaire sur lesquels les mouches viennent s'attacher (1822).

12. Lavez les murailles avec du jus de feuilles de citronnelle, après les avoir bien pilées; les mouches n'en approcheront pas (1826). — Cette recette a depuis été donnée souvent.

13. On annonce comme un préservatif certain contre les mouches, qui en été font le tourment des chevaux, la décoction de feuilles de noyer. Il suffit, pour éloigner ces insectes, de laver les chevaux avec de l'eau saturée du suc caustique et fortement odorant du noyer. Ce moyen est employé avec succès dans les haras de l'Angleterre (1840).

14. Vers le même temps (1840) j'ai vu employer avec succès dans la campagne de Metz un procédé fort simple. Au plancher de la cuisine, on pend à deux cordelettes parallèles deux planchettes qui se touchent presque et qui sont enduites de miel intérieurement. On laisse les mouches s'y masser et, de temps à autre, on rapproche brusquement les planchettes. Les mouches sont écrasées, et cela n'empêche pas ensuite les autres de s'y porter de nouveau. Chaque matin, on lave les planchettes et on les enduit de nouveau.

15. J'allais oublier un moyen fort comique auquel on croyait encore en 1733. Le voici sans commentaire :

Pendre un hareng le vendredi saint aux soliveaux d'une chambre, afin d'empêcher les mouches d'y entrer.

Pour guérir une main ankylosée par suite de blessure.

Le célèbre Richard Lenoir s'était, dans sa jeunesse, fracassé la main d'un coup de feu à la chasse. Voici comment il raconte sa guérison.

« La blessure fut très-longue à guérir ; pendant plus de trois mois, je supportai plusieurs opérations douloureuses, tantôt pour extraire les os brisés, tantôt pour brûler les chairs qui prenaient trop de croissance ; ma main fut cicatrisée, les doigts demeurèrent inactifs, insensibles, et sans pouvoir ni se plier ni soutenir le moindre poids. Tous les remèdes furent employés sans succès ; je demeurai ainsi quinze mois, fort triste de la perspective de n'être jamais en état de travailler. »

. . . .

« Je désespérais de l'avenir, lorsque le régiment Royal-Allemand passa dans le pays. Nous eûmes quarante militaires à loger à la ferme ; on était alors à la fin d'octobre. Un sous-officier qui se chauffait à la cuisine remarqua ma main et me demanda comment j'avais été blessé : je lui racontai mon aventure et la manière dont j'avais été soigné ; quelques grains de plomb restaient encore dans les chairs : il m'écouta fort attentivement, et lorsque j'eus fini : — Moi guérir vous tout de suite, me dit-il en riant ; et malgré mon air de doute, il se mit en besogne ; demandant une toile, il l'étendit sur plusieurs chaises, et fit faire un grand feu ; un chat se chauffait avec nous, il le saisit, me désigna une place pour m'asseoir devant la toile. Alors il ouvrit les entrailles de la pauvre bête, et me fit mettre la main dans le ventre du chat, tandis qu'on tenait l'animal mourant par la tête et par les pattes ; nous nous approchâmes du feu. Il emmaillotta entièrement le chat jusqu'à mon poignet, et m'ordonna de le tenir ainsi jusqu'à ce que la chaleur devînt insupportable. »

« Je restai deux heures dans cette espèce de bain. Il demanda de l'eau chaude, j'y plongeai ma main toute fumante pendant dix minutes. Alors il essaya de faire plier mes doigts, et après plusieurs efforts violents, il finit par y parvenir sans me faire le moindre mal. Je ne chercherai point à expliquer cette circonstance et la guérison qu'elle opéra ; je ne suis ni chimiste ni médecin, je raconte un fait et le livre à l'examen de plus habiles que moi. »

« Depuis lors je n'éprouvai ni difficulté à me servir de la main, ni douleurs partielles dans les doigts. Il ne m'est resté de cet événement qu'une cicatrice et quelques grains de plomb qui ne me gênent nullement. »

Utilisation du marron d'Inde.

La farine du marron d'Inde peut être employée à faire une colle pour les tabletiers et les relieurs, utile dans une foule d'arts. Elle écarte les insectes et se corrompt moins facilement que la colle de farine. Elle serait à bien meilleur marché et cependant elle n'est en usage nulle part.

Préparation des marrons d'Inde pour les bestiaux et les cochons. Les concasser ; les mettre dans un baquet rempli d'eau ; remuer de temps en temps ; renouveler l'eau cinq à six fois, de dix heures en dix heures. Quand elle n'a plus d'amertume, couvrir les marrons d'eau bouillante ; les donner aux bestiaux. On peut en outre les faire cuire à l'eau et les mêler avec du son ou des pommes de terre. Les bestiaux, les vaches, les moutons qui font usage de cette nourriture tonique engraissent en très-peu de temps et sont moins exposés à l'épizootie. Cuits et broyés, les marrons d'Inde peuvent être donnés aux volailles. On enlève l'écorce avant de les faire tremper. N. D. R. (Dans la pratique, je n'ai pas vu l'amertume disparaître si facilement.)

Le fruit entier, coupé, peut être mêlé au fourrage, à raison de cinq quarts de livre pour un mouton, et une livre pour un agneau; on y joint un peu de sel. On le donne en automne, à l'époque où cesse la nourriture en vert. Les moutons, ainsi que les vaches, refusent d'abord de manger ce fruit, mais bientôt ils le recherchent avec empressement. Il est dangereux de donner les marrons sans les couper, car ils peuvent s'arrêter dans le gosier et causer la mort de l'animal.

Emploi des marrons d'Inde pour faire de la potasse. Cent livres de marrons frais, incinérés, ont fourni vingt et une onces, soixante-quatre grains de cendres, qui contenaient onze onces, sept gros, trente grains de potasse. Trente livres de l'enveloppe épineuse du marron, aussi incinérées, ont donné quatre onces, un gros, trente-six grains de cendres qui contenaient une once, six gros, trente-six grains de potasse.

Emploi des marrons d'Inde contre les engelures. Faire bouillir jusqu'à réduction des deux tiers, dans une pinte et demie d'eau, cinq marrons d'Inde et une forte poignée de cendre de bois; laver de ce mélange, excessivement chaud, les parties malades le soir et le matin.

Pâte de marrons pour les mains. La pâte de marrons écorcés, desséchés au feu et au soleil, et réduits en poudre fine par la trituration remplace la pâte d'amandes. Il est facile de l'aromatiser.

Moyen pour faire servir les marrons d'Inde en guise de lampes de nuit. Pelez les marrons; faites-les sécher; puis percez-les de part en part avec une très-petite vrille. Lorsque vous voudrez vous en servir, vous les ferez tremper dans quelque huile que ce soit; ensuite vous en prenez un; vous passerez à travers le petit trou, que vous y aurez fait, une mèche longue comme le petit doigt, et vous la mettrez dans un vase de terre où il y aura de l'eau; puis vous allumerez la mèche qui brûlera jusqu'au jour.

Emploi des marrons d'Inde pour faire la lessive. Pour obtenir une eau propre au lessivage, on pèle les marrons; on les râpe; on met le produit obtenu à l'aide de la râpe dans l'eau à 60° ; on agite, puis on décante ; l'eau qui est ainsi obtenue est douce au toucher, on peut s'en servir pour savonner des étoffes de fil et de laine. M. Marcandier a fait dégraisser et fouler avec l'eau obtenue des marrons d'Inde seulement des bas drapés.

Le résidu, duquel on a séparé l'eau, peut être traité par l'acide sulfurique étendu d'eau à l'aide de la chaleur, et converti en sirop de fécule qui, désacidifié et soumis à la fermentation, fournirait de l'alcool qui pourrait être employé dans les arts et particulièrement à la fabrication des vernis. Ce résidu pourrait encore être cuit et donné aux animaux avec du son.

Carton de marrons d'Inde. En 1794, le Lycée des arts annonça à la convention nationale qu'on pouvait faire du carton avec le marron d'Inde : des échantillons de ce carton avaient été adressés à la convention ; cette annonce n'eut pas de suite. Ce procédé mériterait d'être cherché de nouveau.

Pour compléter cette énumération instructive due, dès 1836, aux savantes recherches du bibliophile Jacob (Paul Lacroix) disons que les propriétés antigoutteuses de l'huile de marrons d'Inde étaient connues dès le siècle dernier. On en trouve la recette dans un petit almanach de 1787.

Pour rétablir la graisse rance.

Lorsque le saindoux est devenu rance, le seul parti à prendre pour s'en servir en cuisine, c'est de l'exposer au feu et de le tenir pendant un certain temps en liquéfaction, en y ajoutant une croûte de pain grillée à l'état charbonneux (1822.)

Pour faire valoir un terrain improductif.

Il faut le transformer en garenne, disait en 1808 Mme Gacon Dufour.

« *Marshall*, un des agronomes qui méritent le plus de confiance, a fait mention d'une garenne domestique occupant un terrain immense. Ce terrain était si mauvais qu'il pouvait à peine rapporter vingt-quatre sous par *an*, il le fit couvrir de lapins et fit des clôtures, et il produisit sept mille deux cents francs par année.

Dambournay assure qu'un mâle et sept femelles bien nourris lui ont annuellement procuré depuis cent jusqu'à cent cinquante lapins excellents. Il leur donnait pour nourriture principale du genet, du jonc marin, du houx, des bruyères et d'autres branches d'arbustes.

Il ne faut pas omettre de châtrer les mâles, sauf le nombre proportionné aux femelles.

Pour préserver de la piqûre des insectes la laine destinée à la fabrication des étoffes.

« Après avoir bien dégraissé les laines que l'on veut employer, on les passe à l'huile de térébenthine, et on les met ensuite en teinture où elles perdent l'odeur vive, pénétrante et désagréable que cette huile leur communique d'abord. Elles prennent mieux les couleurs que celles qui n'ont pas reçu cette préparation. On a exposé pendant une année entière des étoffes ainsi préparées à la voracité d'un grand nombre de teignes qui avaient été rassemblées exprès; on a eu la satisfaction de voir que non-seulement elles ont toutes péri, mais encore qu'aucun autre insecte n'est venu y déposer des œufs. » (1776.)

Pour empêcher la neige d'adhérer aux sabots des chevaux.

Bourrer fortement de crottin le pied du cheval et renouveler cette précaution à toutes les stations de quatre à cinq lieues.

Pour reconnaître si deux espèces de sucre possèdent des qualités égales.

Il faut peser de chaque espèce même poids, une demi-once, par exemple, pour un verre d'eau ; faire fondre chaque dose séparée dans un poids d'eau bien pareille ; goûter les deux verres ; ajouter ensuite à chaque verre, par petites doses bien égales, une quantité régulière d'eau ; agiter à chaque fois ; goûter. Si leur qualité est égale, les deux verres perdront, au même moment, leur saveur sucrée, (1836.)

Remède de 1689 contre l'hémopthysie.

« Prenez et broyez des orties vertes dans un mortier, puis exprimez-en le suc que vous donnerez à boire au malade. »

Par une coïncidence assez curieuse, nous retrouvons au bout d'un siècle et demi le suc d'orties jouant un rôle dans une hémorrhagie d'autre nature. Voici le fait que nous signalons comme à l'ordinaire sans l'apprécier :

« Une personne était tombée dans un état de consomption rénale à la suite d'une *hématurie* ou pissement de sang, on avait employé en vain différents remèdes et même diverses espèces de lait, lorsqu'un médecin lui conseilla avec succès de s'en tenir au lait d'une vache nourrie presque exclusivement d'orties fraîches. » (1836.)

Pour faire le vin de bouleau.

En Allemagne, en Suède et en Russie, on tire du bouleau une liqueur très-agréable, que l'on obtient et l'on prépare de la manière suivante :

Vers le milieu de mars, on pratique une entaille à l'écorce d'un bouleau, et on le perce, de bas en haut, jusqu'à la profondeur du quart de son diamètre. On adapte à cette ouverture un tuyau de plume ou de sureau, pour conduire la liqueur dans le vase destiné à la recevoir. Plus l'entaille est haute, plus

la séve est riche en parties sucrées et muci-
lagineuses, mais moins elle est abondante. La
meilleure est celle qui, découle des branches
qui n'ont que deux à trois pouces de diamètre.

Un gros arbre donne de onze à seize litres de
séve en vingt-quatre heures. On peut, sans
l'endommager, le laisser couler pendant quarante-huit heures. On bouche ensuite l'ouverture avec une cheville de bois. On a remarqué
que les bouleaux qui croissent dans les terrains
secs et pierreux ne donnent que peu de séve,
et que celle-ci coule avec d'autant plus d'abondance que les jours sont plus chauds et les
nuits plus froides.

Quand on a recueilli une quantité suffisante de séve, on en prend vingt-cinq litres,
et on la fait bouillir dans un chaudron avec
six livres de sucre, jusqu'à réduction d'un
quart; on l'écume, on la passe à travers un
linge, et on la met dans le baril, où elle doit
rester. Aussitôt qu'elle est assez refroidie,
pour qu'on puisse y tenir le doigt sans se brûler, on y verse trois à quatre cuillerées de
levûre de bière fraîche et chauffée, et on la
laisse fermenter. On y ajoute peu à peu, pendant la fermentation, quatre à cinq litres de
vin, et quatre citrons coupés en tranches, sans
pepins. Après la fermentation, on bondonne

le baril et on le met à la cave. Au bout d'un mois, on met la liqueur en bouteilles, en ayant soin de ne pas les remplir entièrement: car, sans cette précaution, elles éclateraient; on les bouche, et on les goudronne comme du vin mousseux.

Pour avoir des fleurs plus belles.

Avant le seizième siècle, on plantait de l'ail entre les roses et les lis pour augmenter leur beauté et leur parfum.

Pour rôtir à la Caraïbe.

Le père Labat, dans ses voyages, recommande, comme donnant d'excellents résultats, la manière de rôtir des Caraïbes. Pour ceux qui voudront en faire l'essai, voici la recette :
Prendre une poule, une perdrix ou autre oiseau ; les jeter dans le feu sans le plumer, ni le vider. Quand la plume est brûlée, le couvrir de cendre. Il cuit plus ou moins lentement, selon la chaleur des cendres. Quand il est cuit, ôter avec soin les boyaux et le jabot, ainsi que la croûte formée par l'adhésion des cendres aux plumes et à la peau (Dix-huitième siècle).

Pour empêcher que les mouches ne s'attachent aux tableaux, ou à toute autre chose.

Il faut prendre une botte de poireaux, plus ou moins, selon la quantité que l'on voudra en faire, et la faire tremper dans demi-seau d'eau, l'espace de trois jours, encore davantage si l'on a le temps, et avec ladite eau frotter les tableaux, ou ce que l'on voudra. (1709.)

Pour nettoyer les tableaux, et les rendre comme tout neufs.

Prendre de la soude grise environ un quarteron, et la pulvériser, et la mettre dans un pot de terre, et y râper un peu de savon, faire le tout bouillir l'espace d'un bon quart d'heure, et laisser tiédir ladite composition, et prendre une éponge, ou à faute de cela prendre un bon linge, et frotter votre tableau de ladite composition, puis avec un autre linge bien essuyer, et y passer partout l'huile d'olive, et après il faut encore bien essuyer votre tableau ; l'on trouvera qu'il sera comme neuf. (1709.)

Pour amortir le son de l'enclume.

Suspendre à l'une des bigornes un bout de chaîne en fer se balançant librement; il diminue le bruit retentissant de l'enclume.

Pour empêcher les souliers de prendre l'eau.

Faites fondre avec soin une pinte d'huile sans goût, deux onces de cire jaune, deux onces de térébenthine, et une demi-once de poix grasse de Bourgogne; frottez vos bottes ou vos souliers neufs avec cette composition, soit au soleil, soit à quelque distance du feu, avec une éponge ou une brosse douce, et recommencez aussi souvent que la chaussure se séchera. Elle deviendra impénétrable à l'humidité, et acquerra de la solidité en même temps que de la souplesse.

Il faut attendre, pour se servir des chaussures ainsi préparées, qu'elles soient bien sèches et élastiques; autrement, on diminuerait leur durée au lieu de l'augmenter.

Beaucoup de personnes emploient uniquement le suif de la même façon que ci-dessus et déclarent s'en bien trouver. (1823.)

Pour manger les prunes plus longtemps fraîches.

Vous la cueillerez à mi-maturité, et vous la déposerez dans un lieu très-frais. Elle y atteindra lentement sa parfaite maturité.

Pour faire la bière russe ou Kwas.

Sa mode n'est pas d'aujourd'hui et la question d'Orient n'y est pour rien, car un préfet de l'Ain la recommandait à ses administrés il y a quarante ans. Je ne saurais mieux faire que de reproduire sa circulaire :

Kwas ou bière russe.

Il faut avoir une feuillette contenant cent vingt ou cent trente bouteilles et la choisir propre et exempte de toute mauvaise odeur. On y fera brûler, si l'on veut, un bout de mèche de soufre, après quoi on la tiendra bien bouchée pendant quelques heures. Ensuite on y introduira par la bonde, au moyen d'un cornet de carton mince ou de fort papier, 7 kilogr. 1/2 de bonne farine de seigle moulue un peu fin, et mêlée avec le son ; on y introduira de même, mais sans cornet et peu à peu, 1 kilogr. 1/2 de seigle en grain qu'on aura fait germer dans une étuve quelconque, ou en le tenant au-dessus d'un four de boulanger et le mouillant de temps en temps avec un peu d'eau tiède ; on versera dans la feuillette, avec un entonnoir, environ 20 pots d'eau chaude, on bouchera et l'on agitera la feuillette à la façon des tonneliers quand ils rincent un tonneau, et, s'il est possible, on la placera à peu de distance du foyer ou dans tout autre lieu un peu chaud ; sinon on se contentera de la mettre à l'abri de la pluie et du froid. De six heures en six heures, on y versera la même quantité d'eau chaude et l'on remuera de même. Ce vase étant rempli, on le laissera vingt-quatre heures sans y toucher, après lequel temps on y fera entrer un bâton propre et solide, avec lequel on mêlera et brouillera ce qu'il renferme, opération qui sera répétée deux ou trois fois le jour pendant une huitaine, et qu'on cessera pour laisser reposer le mélange et clarifier la liqueur, ce qui ne demande que quatre à cinq jours. Alors on soutirera en perçant au tiers inférieur de la feuillette au-dessous duquel tiers se trouvent précipités la farine et le grain.

Le kwas tiré au clair, mais conservant toujours ce qu'on appelle un œil un peu louche, comme le petit-lait non filtré, est transvasé dans un baril bien propre, où l'on attend qu'il ait fermenté complétement et qu'il se soit ultérieurement éclairci, pour le mettre en bouteilles ou en cruches. Conservé quelque temps dans les unes ou dans les autres, il acquiert une saveur vineuse, un piquant plus ou moins agréable. C'est dans cet état que peuvent le boire les personnes qui ont le moyen d'attendre et qui ne font pas du kwas leur boisson ordinaire ; les autres le boivent au tonneau même, d'où elles le tirent à mesure qu'elles en ont besoin.

On donne aux pauvres gens la lie du tonneau sur laquelle ils passent de l'eau chaude et dont ils obtiennent encore une sorte de piquette assez sapide et très-salubre. Les fèces (le marc) ayant été ainsi lavées sont réservées pour les bestiaux auxquels elles profitent beaucoup.

L'addition, pendant la fermentation, d'un peu de verveine, de citronnelle commune, des jardins de bois de genièvre, ou de telles autres plantes aromatiques ou amères, selon le goût de chacun, doit être considérée comme indispensable.

On voit qu'il serait difficile de mettre un

prix à une boisson qu'on peut renouveler à chaque instant avec des produits de peu de valeur. La liqueur toute préparée vaudrait au plus 1 centime le litre.

Tout annonce que l'orge ou le froment serait préférable au seigle et qu'il faudrait modifier en cela la recette indiquée.

Pour empêcher la bière de s'aigrir.

A Augsbourg et dans les environs, où l'on brasse de très-bonne bière, les brasseurs ont coutume de placer dans la tonne un sachet de racine de bétoine, pour donner à la liqueur un goût agréable et en même temps pour l'empêcher de s'aigrir. Il faut cueillir cette plante avant la Saint-Jean. (1840.)

Manière de rétablir la bière aigrie

Quand la bière est devenue aigre, jetez-y quelques écailles d'huîtres calcinées, ou bien un peu de craie pulvérisée ; ces ingrédients corrigent l'acidité de la bière et la rendent vigoureuse et petillante ; mais il ne faut pas la garder longtemps après cette opération, car elle ne tarde pas à se gâter entièrement. (1841).

Comment on soignait les coups de soleil.

(1561). — En 1561 on se préoccupait moins de guérir les coups de soleil que de les prévenir. Et, dans ce but, on employait un moyen dont l'efficacité peut encore se vérifier aisément. Ce qui est certain, c'est qu'il devait donner un étrange aspect aux têtes des promeneurs. Le voici dans toute sa naïveté :

« *Si tu mectz dans chacune aureille une petite branche de pouliot, le soleil ne te fera mal.* »

Le pouliot est une plante d'odeur aromatique et de saveur amère. Ses tiges carrées, velues, à feuilles rondes, sont couchées à terre ; ses fleurs sont bleues ou purpurines.

(1769). — Ce n'est que deux siècles après, en 1760, que je vois l'annonce d'un moyen curatif. On doit reconnaître qu'il est peu coûteux et d'application facile :

« Quand on se sent frappé d'un coup de soleil, il faut le plus tôt qu'il est possible tâter avec le doigt l'endroit où la douleur est le plus sensible, se faire en cet endroit raser les cheveux et y appliquer une bouteille pleine d'eau fraîche avec assez d'adresse pour que l'eau dont elle est pleine, à deux ou trois doigts près, ne s'écoule pas. On tient la bouteille en cet état jusqu'à ce qu'on s'aperçoive que l'eau commence à frémir et même à s'élever comme si elle était sur le feu. Aussitôt on y substitue une bouteille pleine d'eau comme la première et on continue d'en remettre de nouvelles jusqu'à ce que l'eau ne contracte plus de chaleur ni de mouvement; alors le malade est entièrement guéri et hors de danger. »

(1775). — Il paraît que la bouteille en question ne fit pas immédiatement fortune, car on la voit annoncer comme une nouveauté par les journaux de 1775. Il est vrai qu'on ajoutait des détails plus précis et plus pratiques. Aussi redonnons-nous l'annonce en entier :

« Quand on se sent frappé d'un coup de soleil, il faut, le plus tôt qu'il est possible, prendre une bouteille de chopine dont le col soit fort gros et bien large : on la remplit d'eau de fontaine la plus fraîche qu'on peut avoir : on met un linge fin à deux doubles par-dessus l'ouverture de la bouteille. Liez bien ce linge, et qu'il soit tellement tendu que l'eau ne se répande pas sur le malade quand on fera l'opération suivante qui est bien simple : tenez la bouteille renversée de façon que le linge soit appuyé sur la tête de la personne qui a eu le coup de soleil; parcourez tout doucement les différentes parties jusqu'à ce que vous trouviez l'endroit du mal.

« Quand vous l'aurez trouvé, vous verrez comme bouillir l'eau dans la bouteille, ce qui fait un petit bruit semblable à celui qu'on entendrait si l'on y donnait de petits coups. Tant que ce mouvement de l'eau dure, il faut laisser la bouteille appliquée au même endroit ; dès que le bouillonnement cesse, en vient une autre partie et ainsi successivement.

« Quand il n'y a plus d'agitation dans l'eau, quelque part de la tête que vous appuyiez la bouteille, vous laissez passer quatre ou cinq heures et vous recommencez ensuite l'opération.

« Si le malade qui a reçu un coup de soleil avait beaucoup de cheveux, il faudrait les couper au sommet de la tête; c'est là qu'on commence l'opération.

« Comme la douleur change souvent d'endroit, le malade peut indiquer lui-même où il faut appliquer la bouteille : lorsqu'on l'a ôtée, il faut avoir soin de bien essuyer la tête du malade. Toutes les fois qu'on recommence l'opération, il faut se servir de nouvelle eau.

« M. Pallet, curé de Colombes au diocèse de Vienne, assure qu'ayant fait mettre en usage jusqu'à trois fois ces salutaires procédés à l'égard d'une personne qui était dans le délire et qui, voulant parler, ne rendait que des sons mal articulés, le malade reprit la parole et fut parfaitement guéri au bout de trois jours. »

A la fin du dix-huitième siècle, les médecins, s'il en faut juger par l'*Avis au peuple* de Tissot, étaient d'avis de saigner le malade *au moins* une fois; ils donnaient des boissons d'acides et appliquaient sur la tête des compresses de vinaigre et d'eau-de-vie.

(1822). — En 1822, on redonnait une troisième fois le procédé de la bouteille que nous venons de décrire si complétement. La mode des compresses d'alcali et d'adoucissants huileux succédait à celle des compresses de vinaigre.

On recommandait aussi aux ménagères la confection d'une eau spiritueuse qui avait en même temps l'avantage inestimable de guérir du même coup le rhume de cerveau :

« Prenez un quart de litre de bon esprit-de-vin ; mettez-le dans une bouteille avec deux gros de muscade, autant de girofle, autant de cannelle et autant de fleurs de grenades, le tout bien pulvérisé. Bouchez bien exactement la bouteille et laissez infuser ces poudres pendant trois jours au bout desquels vous décanterez la liqueur, qui, étant bien claire, sera mise dans une bouteille. Quand vous voudrez en faire usage dans les coups de soleil, vous en mettrez une vingtaine de gouttes dans le creux de la main et vous la respirerez vivement par le nez. On a vu des maux de tête et des rhumes de cerveau disparaître à la suite de cette seule aspiration. »

(1875).—La recette précédente se retrouve, d'ailleurs, dans les recueils du siècle dernier. Comme remède tout à fait nouveau, donnons pour terminer celui-ci ; il a été publié en 1875 et vient des colonies :

« Appliquer des tranches de citrons retenues par une bande autour de la tête en partant du front. Renouveler l'application dès qu'ils seront chauds. Prendre un bain d'une demi-heure. L'eau doit être presque froide avec une douzaine de citrons coupés. »

La douzaine de citrons me paraît un peu mesquine pour un bain ; mais c'est égal, pour un amateur de limonade, c'est à souhaiter d'attraper un coup de soleil.

Pour conserver le poisson pendant les transports.

Prenez du charbon de bois, pilez-le grossiè-rement et enlevez la poudre la plus fine en passant le charbon sur un tamis de crin; ayez une boîte proportionnée à la grosseur du pois-son. Remplir la gueule, les ouïes et le ventre; il suffit ensuite de bien laver le poisson (1836).

Pour rendre le poisson mangeable quand il a commencé à se cor-rompre.

Pendant les chaleurs, il arrive que le poisson se corrompt du matin au soir. Pour ôter le goût et l'odeur qu'alors il a contractés, il faut le faire bouillir dans une grande quantité d'eau, dans laquelle on met un quart de vinai-gre, du sel et un nouet de linge contenant du poussier de charbon de bois. Ce procédé est également applicable aux viandes (1836).

La vraie recette des poires sèches.

On n'en fait plus comme au temps jadis, et cela ne m'étonne guère, car la vraie préparation des poires sèches exigeait des soins inouïs. Comme c'était néanmoins une chose exquise et comme la race des bonnes ménagères ne s'éteindra jamais, j'ai voulu conserver tout exprès pour elles cette recette qui date de l'année 1769.

Méthode pour faire sécher les poires et les conserver longtemps. — « Pour cet effet, on doit prendre particulièrement les poires d'hiver et parmi celles-là la poire de Colmar et celle de Bezi. Ce sont les meilleures à faire sécher : on cueille ces poires avant qu'elles soient tout à fait mûres. Il est essentiel de les cueillir avec leurs queues et de choisir un beau jour pour cela.

« La meilleure façon de faire sécher les poires est de les peler, mais auparavant les faire à demi cuire dans un chaudron d'eau bouillante, jusqu'à ce qu'elles viennent à mollir un peu. Après on doit les mettre sur des claies pour les faire égoutter. (Ensuite on les pèle en entier, ayant soin de leur laisser la queue : à mesure qu'on les pèlera, il les faut mettre sur des plats la queue toujours en haut : elles y jetteront un sirop qu'on ramassera et qu'on mettra dans un vaisseau particulier.

« On mettra ensuite ces poires pelées sur

des claies bien propres dans un four dont la chaleur sera douce comme lorsqu'on vient de retirer le pain. On les y laissera autant que le four aura de chaleur, c'est-à-dire l'espace d'environ dix à douze heures. Pendant ce temps, on préparera le sirop que l'on aura ramassé en y mettant une demi-livre de sucre sur une livre de sirop et chopine d'eau-de-vie avec de la cannelle et des cloux de girofles. On fera infuser le tout ensemble pendant dix à douze heures sur des cendres chaudes.

« Après avoir retiré les poires du four, vous les tremperez dans ce sirop pour leur donner une espèce de vernis et vous les remettrez ensuite au four pour la seconde fois avec le même degré de chaleur douce; car si elle était trop forte, le fruit en serait brûlé. Il faut avoir soin que les poires soient toujours bien rangées sur des claies la queue en haut et sans se toucher entre elles : à mesure qu'elles sècheront, elles occuperont moins de place et l'on en pourra mettre une plus grande quantité sur la même claie.

« Lorsqu'on les aura retirées du four pour la seconde fois, on les trempera de nouveau dans le sirop pour leur donner une seconde couche de vernis; après quoi, on les remet encore une troisième fois au four, en le

chauffant moins cette dernière fois que les
autres : on les y laisse jusqu'à ce qu'on juge
qu'elles sont suffisamment sèches. On reconnaît qu'elles sont au degré convenable, lorsqu'elles ont acquis une couleur de café clair,
que la chair en est ferme, transparente et
bien luisante. On met ces poires dans des
boîtes de sapin, on les y enveloppe dans du
papier blanc, elles s'y conserveront très-longtemps. Ce fera un fruit sec, admirable et d'un
goût parfait ; si on ne le mange que quelques
mois après qu'il aura été ainsi séché, elles vau-
dront les meilleures confitures. »

[illegible]

RECETTES MORALES
ILLUSTRÉES

Les proverbes sont l'esprit des nations, chacun sait cela.

Chacun sait aussi que les proverbes ne vieillissent jamais. La sagesse est éternelle, et le moraliste de 1878 ne raisonne pas autrement que s'il était contemporain de Socrate.

C'est pourquoi nous avons rassemblé ici des adages de tous les pays et de tous les temps. Par une bonne fortune singulière, nous avons pu y joindre un recueil de gravures anciennes faites tout exprès pour notre sujet, vers l'année 1620 ou 1630 ; ces gravures ont été reproduites avec le plus grand soin, et le lecteur reconnaîtra sans doute avec nous qu'elles en valaient la peine. Ces costumes du temps passé, cette mise en scène naïve, ces dictons de langues diverses donnent aux proverbes qu'ils accompagnent une saveur et une originalité particulières.

L'an prochain, nous nous réservons d'en donner d'autres non moins intéressantes.

A barbe de fol apprens à raire

La barbe est faite et la coupe de cheveux lui a succédé. Ciseaux en main, le barbier tombe en arrêt pendant que son client se contemple dans un petit miroir. Les grandes glaces d'aujourd'hui étaient alors un luxe inconnu, car il ne faut pas oublier que cette gravure nous reporte au commencement du dix-septième siècle, à deux cent cinquante ans d'ici. On le voit à la mise des personnages. Toupet relevé, barbe en pointe, fraise abattue, hautes manchettes, le barbier se campe en praticien convaincu de son mérite : à demi-renversé sur le vieux fauteuil de bois, son client tortille sa moustache d'un air préoccupé. Sous la dentelle qui borde son peignoir on voit pendre les grelots de son costume de fou dont le bonnet cornu est tombé sur le haut du dossier. Est-ce un déguisement de carnaval ? Est-ce un costume allégorique ? (Le dicton nous fait pencher pour cette dernière conjecture.) Quant au mobilier, il est digne du temps où les barbiers étaient des chirurgiens. Rien n'y sent la boutique. A gauche, une mappemonde. Au fond, une guitare, trois tableaux, une vitrine paraissant renfermer quelques instruments de chirurgie.

A barbe de fol apprens à raire, dit la légende en vieux français, ce qui signifie : *A barbe de fou apprends à raser*. Qui sait raser un fou est en effet passé maître, car il faut être préparé à la brusquerie imprévue de ses moindres mouvements qui rendent le maniement du rasoir particulièrement délicat.

De même, les apprentissages durs font les bons ouvriers. Plus vos débuts seront rudes, plus votre expérience sera consommée.

Stulto ne permittas digitum !

Stulto ne permittas digitum ! — Si tu as
affaire à un fou, ne lui abandonne pas même
le bout du doigt,... car il est capable de le
couper à belles dents.

Le bonhomme de notre vignette vient de
s'y laisser prendre ; il a cru pouvoir plaisan-
ter avec un personnage qui lui semblait de
joyeuse humeur, mais il a été dupe de ses grelots. Le rire du fou est parti, ses dents sont

restées, et elles serrent tellement le doigt du patient que celui-ci n'ose le retirer de crainte de le voir couper jusqu'à l'os.

Bien compris, ce proverbe peut servir de règle à tous, car sur cette terre les fous sont plus dangereux que les méchants. Ceux-ci reculent devant les actes qui nuiraient à leurs propres intérêts, mais le fou n'y prend point garde, il peut vous nuire au moment où vous vous y attendez le moins, et il lui est indifférent de se perdre avec vous.

Ne traitez pas non plus avec trop de familiarité les inconnus. Sans être fous, il en est qui pourraient vous en faire repentir, et à la douleur d'avoir perdu un doigt se joindrait celle de l'avoir perdu par votre faute.

Comme je l'ai fait déjà remarquer, le costume du fou est ici purement allégorique. Les moralistes d'autrefois se servent souvent de ce moyen pour caractériser les gens peu raisonnables. C'est assez dire qu'ils font porter des grelots aux trois quarts du genre humain.

Plaisir est fardeau de jeunesse : mais faut-il savoir le porter.

Plaisir est fardeau de jeunesse, dit la légende
de notre gravure, *mais il faut savoir le porter.*

Le plaisir est représenté ici par une de ces
jeunes filles qu'hier encore et dans le Paris de
1877 on appelait des *mal peignées.* Elle est ju-
chée sans façon sur l'épaule d'un jeune galant.
Tant pis si les mille plis de sa jupe flottent au
vent et si elle montre au passant ses jarretiè-
res, elle a, ma foi ! bien d'autres sujets d'oc-

cupations. Il faut rire, et sa bouche s'en ac-
quitte, il faut boire, et le verre plein qu'elle
brandit avec la pipe de son galant montre que
le vin et le tabac ne lui font pas peur. Il faut
faire danser les écus, et le sac qu'elle vide à la
volée nous annonce assez qu'elle ne regarde
pas à l'argent des autres. Son cavalier, ou plutôt son porteur, n'a pas trop de toute son
attention pour tenir sa folle maîtresse en
équilibre. Moins fort ou moins avisé, un de
ses compagnons de folie a laissé choir son
joyeux fardeau, et il tombe en même temps.
Dans le fond un philosophe, qui a sans doute
passé l'âge de telles courses, moralise en faisant de grands bras.

Ainsi doit-il en être dans la vie réelle. Si
nous sacrifions un plaisir, tâchons au moins
de ne pas nous laisser renverser.

Pro camelo sascina.
(Le fardeau est pour le chameau.)

Nous sommes en Orient, sur une colline, non loin d'une grande cité dont les tours se devinent sur la droite. Un chameau déjà bâté et chargé de deux sacs plie les genoux avec sa mélancolie habituelle, pour recevoir le complément de son fardeau. Le poids sera considérable, si on juge par le premier ballot

déposé à terre, par le deuxième qu'on apporte,
et par le troisième qu'on voit poindre derrière
le versant du terrain, entre les bras d'un per·
sonnage à turban. Probablement ce ne sera
pas tout encore, et notre pauvre chameau en
recevra bien d'autres, car c'est son lot sur cette
terre : porter beaucoup et porter toujours.

Dans cette vie que les moralistes assurent
être un voyage, la mission pénible de cette
pauvre bête semble échue à un certain nombre
de malheureux prédestinés. A eux toutes les
peines, pour eux toutes les charges. Ils ne
murmurent point cependant et se plaignent
moins peut-être que ceux qui exploitent leur
patience et leur docilité. Leur résignation est
de celles qui commandent l'estime entre
toutes.

L'araignée mange la mouche et le lézard l'araignée.

Une araignée avait tendu sa toile contre le
tronc d'un vieux saule. Postée au centre de
son réseau, elle vient de manger une mouche
lorsqu'un lézard saute pour la gober à son
tour. Mais ce lézard est pris presqu'en même
temps à la taille par le long bec d'une cigogne.
Il est vrai que celle-ci ne se doute guère qu'elle
va être traîtreusement mordue par un serpent
de bonne taille qui enlace déjà une de ses

pattes. Mais, que le serpent vienne à bout ou non de son dessein, il passera certainement avec la cigogne dans le corps de ce dragon fabuleux qui rampe derrière lui en roulant des yeux terribles et en ouvrant une mâchoire de crocodile. C'est un drame complet avec toutes ses péripéties. Pour ceux qui aiment les bons dénoûments, faisons remarquer ces six paysans armés qui s'avancent avec l'intention méritoire d'exterminer le dragon.

Qui frappe sera frappé ; qui tue sera tué ! dit la loi du talion.

La gravure ci-dessus en offre une application vivante. Dans cette suite non interrompue de représailles, c'est encore l'homme qui paraît le moins victimé, car il mange plus qu'il n'est mangé. Il est vrai qu'il a des bourreaux d'un autre ordre. S'il n'est pas tué par la main de ses semblables, ses peines morales se chargent de la vengeance des animaux qu'il envoie à la boucherie.

Puis, l'intelligence qui fait sa force fait en même temps sa faiblesse ; elle lui donne l'angoisse avec la prévoyance. De tous les animaux représentés ici, l'homme est le seul que la mort effraie.

Eine kleine henne leget alle tag, da ein strauss im jahr nur eins.

(Une petite poule pond chaque jour, tandis qu'une autruche
pond une fois par an.)

Presque tous les proverbes anciens prêchent
la modération et la retenue en toutes choses.
Il n'est point d'emblèmes qu'on n'ait imaginés
à cette fin. C'est pourquoi le moraliste nous
montre une bonne femme enorgueillie de la
ponte d'une autruche aussi grande qu'elle.
Soulevant l'œuf colossal, elle prend en pitié

son voisin, avec son petit coq, ses petites
poules, et son panier plein de petits œufs
qu'il va vendre pour quelques sous.

Le voisin est homme de bon sens et dit sans
s'émouvoir en montrant du doigt son panier :
« Ma petite poule pond chaque jour, tandis
que ton autruche pond une fois l'an. » — C'est-
à-dire : un petit bénéfice, s'il est quotidien,
vaut mieux qu'une somme ronde à la fin de
l'année. Préférez toujours ce qui est immédiatement réalisable, sans vous laisser prendre
aux séductions du gros bénéfice qu'il faut
longtemps attendre. Le temps vaut l'argent.

On ne peut décrotter sa robe sans emporter le poil.

Une femme erre seule dans la campagne,
le dos tourné à un grand château où elle a
laissé sans doute plus d'un souvenir.

Elle est jeune encore et quelque peu encline
à la coquetterie, si on en juge par l'ample
collerette qui accompagne son visage d'une
auréole aussi grande que celle de la reine
Élisabeth d'Angleterre, qui goûta fort c

genre d'ornement. Mais ses yeux baissés et sa mine inquiète trahissent des préoccupations d'un autre genre. Le bas de sa robe a reçu des taches qu'il lui importe de faire disparaître. Aussi, tout en cheminant et sans en avoir l'air, frotte-t-elle de son mieux le drap galonné avec une brosse à deux têtes.

La légende à double entente annonce qu'il s'agit là d'une opération qui n'a aucune chance de succès.

« *On ne peut décrotter sa robe sans emporter le poil.* » — Au figuré, cela signifie qu'il y a des taches ineffaçables et que l'honneur d'une femme doit, plus que tout autre, s'en garer. La redoutable certitude de ne pouvoir réparer les suites d'une faute est un des meilleurs auxiliaires de la vertu.

El corcobado no vee su corcoba, y vee la de su compannon.
(Le bossu ne volt pas sa bosse, il voit celle de son compagnon.)

Voici une des nombreuses variantes du proverbe évangélique si connu de la *poutre dans l'œil*. Il n'est pas d'homme imparfait qui ne se croie le droit de railler l'imperfection du voisin, soit au physique, soit au moral.

En regardant nos deux bossus, nous remarquons que c'est le serviteur qui commence à railler le maître. « Ah ! tu fais flotter au vent les plumes de ton chapeau ; ah ! tu te permets d'étaler une collerette à rang double ; ah ! tu portes manteau et longue épée, tandis que je n'ai qu'une simple dague et que je suis privé de panache ! attends, mon bonhomme, si je marche derrière toi, c'est pour me moquer plus à l'aise, car tu as beau faire, tu es aussi bossu que moi ! »

Ainsi parle notre railleur, et il fait la nique à sa victime sans songer qu'il prête autant à rire qu'elle.

Mais au moins sa mise recherchée n'agace-t-elle personne, il ne tranche pas du seigneur, il n'a pas fait rembourrer le dos de son pourpoint et n'a pas jeté sur sa bosse un manteau protecteur qu'il soulève encore du bout de sa rapière pour mieux dissimuler.

Sachez porter franchement et simplement le poids de vos difformités, c'est encore le meilleur moyen de passer inaperçu.

A petite fontaine, on boit mieux à son aise.

La soif vient d'arrêter deux personnages
sur le bord d'une rivière encaissée de petites
roches. Leurs caractères semblent être opposés
comme leurs costumes. Celui qui a la mine
la plus modeste s'agenouille devant le filet
qui s'échappe d'une source jaillissante et il
en retient ce que peut contenir le creux de
sa main. Moins patient, celui qui porte une

écharpe et quatre plumes à son feutre prétend boire au courant de l'eau. Avant de se coucher tout à fait sur le bord, il se retourne et dit au voisin : « Pourquoi ne pas boire largement ici ? »

Et celui-ci répond :

« A petite fontaine on boit plus à l'aise. »

Mieux vaut, en effet, se désaltérer tranquillement à petites gorgées qu'avaler trop d'un coup en se penchant de telle façon. La vie et l'estomac peuvent s'en trouver mal.

Il est de même dans le monde. Qui veut trop jouir peut tout perdre. Plus sûr est de modérer ses appétits.

Sensim et sine sensu.

(Ce qui se fait peu à peu se fait sans qu'on le sente.)

A première vue, on dirait qu'il s'agit d'une
scène de conte de fées. En pleine forêt, aux
pâles clartés de la lune, se traîne une tortue
portant un voyageur paisiblement endormi.
Ne me demandez pas si le dormeur peut réel-
lement reposer aussi à l'aise qu'il en a l'air.
Ce que le dessinateur a voulu montrer réelle-

ment, c'est qu'on pouvait aller fort loin sans effort, à la condition de ne pas s'arrêter. On vient à bout des tâches les plus considérables, en travaillant un peu tous les jours ; et on les termine sans presque s'en apercevoir.

Recette bonne à méditer surtout pour certains tempéraments nerveux qui s'emportent du premier coup et n'atteignent le but que, pour tomber anéantis. Le temps nécessaire pour réparer les forces les fait retomber alors au rang des moins pressés qui n'ont pas épuisé les leurs et qui se trouvent par conséquent plus valides.

Cela est vrai en beaucoup de cas, et les Italiens paraissent avoir été là-dessus de l'avis des Latins, si on en juge par leur fameux proverbe : *Chi va piano va sano.*

Jette l'os au chien, tu le feras taire : ôte-le-lui, tu seras mordu.

Le gros chien rongeait tranquillement son os. Un jeune taquin trouve plaisant de le lui retirer, mais il va lui en coûter cher. L'animal est prêt à lui sauter à la gorge et gronde en posant la griffe sur son bien. Les yeux n'annoncent rien de bon, si l'agresseur s'obstine.

MORALITÉ

Il n'en faut pas beaucoup pour contenter les plus redoutables. Afin de ne pas les avoir contre vous, commencez toujours par leur offrir quelque chose, et surtout ne faites jamais mine de vouloir les troubler dans leur possession. Leur courroux pourrait être alors beaucoup plus grand que la valeur de l'objet disputé.

Ceci est aussi vrai pour les potentats que pour les dogues. S'il arrive à ceux-ci de mordre pour un os, il est arrivé à ceux-là de faire la guerre pour un village.

Il est entendu que nous ne parlons pas ici des gens vraiment honnêtes. Ceux-là, Dieu merci! ne demandent d'os à personne et n'ont point à le défendre.

Lampada tibi trado.

(Je te transmets la lumière.)

Il fait nuit, et le croissant de la lune
paraît à peine entre deux gros nuages noirs.

La fosse s'ouvre béante au pied d'un chemin de montagne qui paraît assez rocailleux,
assez contourné, assez escarpé pour le chemin
de la vie. A droite, se tient un vieillard à
longue barbe et au dos voûté. Appuyé sur une

longue canne et bien enveloppé dans sa pe-
lisse fourrée, il élève une lanterne rayon-
nante. Ce n'est pas trop pour éclairer le trou
sur le bord duquel il pose le pied. De l'autre
côté, un jeune gentilhomme de candide apparence tend les mains vers la lumière pro-
tectrice et paraît plein de reconnaissance pour
son avertissement.

Lampada tibi trado (je te transmets la lumière), dit le vieillard.

L'allégorie saute aux yeux, car elle symbo-
lise d'une manière saisissante la plus belle
mission de l'âge mûr. C'est à lui, en effet,
qu'il appartient d'éclairer la jeunesse, et de
rester en criant *gare!* derrière les abîmes de
cette voie périlleuse, où trébuchent tant de
bons compagnons. Heureux encore ceux qui
écoutent les avertissements de l'expérience,
et s'arrêtent à temps devant le précipice!

Snytmen syn neus ak men schent syn aengesicht.

(Se coupe-t-on le nez, on détruit le visage.)

A quel acte de démence peut pousser le désespoir d'avoir un nez immense, un de ces nez qu'on appelle *tubercules* dans l'argot du jour (car ils affectent vraiment la forme d'une pomme de terre)! Voici un seigneur assis à sa toilette, et s'amputant de propos délibéré. A la vérité, son nez est monstrueux; on s'en est moqué sans doute; sans doute aussi, il subit l'influence mauvaise de quelque passion

contrariée ou de quelque boisson trop exci-
tante, car son verre vide repose sur la table
voisine.

Toujours est-il que son couteau a tranché
déjà les deux tiers de la partie condamnée, et
l'œil égaré de la victime dit assez combien
elle souffre de cet acte de barbarie.

Les conséquences en seront plus funestes
encore qu'elle ne l'imagine.

Coupe-t-on son nez, on se détruit le visage.
— Ce proverbe flamand veut dire qu'il est des
difformités avec lesquelles il faut savoir vivre. Prétendre les supprimer est risquer des
inconvénients plus redoutables. — Gardez le
mauvais par crainte du pire.

Notre amputé va cruellement sentir la vérité de notre proverbe s'il se regarde encore
au miroir. — Il n'était que laid ; il sera hideux,
épouvantable.

Ogni fiore al fin perde l'odor.
(Toute fleur à la fin perd son odeur.)

La vieille et la jeune se promènent autour
des plates-bandes du jardin, un jardin classique
à la hollandaise, agrémenté de carrés de tu-
lipes et de charmilles taillées en arcades de
palais. Chemin faisant, la vieille, malicieuse
et jalouse, a pris une fleur fanée et se donne
l'amère satisfaction de la faire remarquer en
disant en italien : *Ogni fiore al fin perde*

l'odor, c'est-à-dire : « Toute fleur finit par perdre son parfum »; c'est-à-dire encore : « Un jour viendra où vous n'aurez plus, jeune fille, ce parfum de jeunesse et de beauté qui rend les femmes coquettes. Alors plus de chapeaux à aigrettes et à cordon de perles! plus de collier! plus de collerettes à grandes dents! plus de corsages et de jupes brodés! Vous cacherez, comme moi, votre figure ridée sous un capuchon. »

La jeune fille écoute avec déférence, elle est même un peu pensive, mais elle ne doit pas être convaincue et elle dit *à parte* : Chacun son temps!

Pour en revenir au proverbe italien, convenons qu'il est d'une vérité mélancolique en apparence, mais consolante au fond, pour ceux qui ont la louable méthode de ne pas s'en tenir à la surface des choses. Il dit : « La fraîcheur n'a qu'une saison. Cherchez avec elle des mérites plus durables. »

Dum plorat vorat.

(En pleurant elle dévore.)

Madame pleure d'un œil et lorgne de l'autre les perles du collier qu'égrène sa main blanche. Il n'en faut pas davantage pour que Monsieur, séduit et attendri tout à la fois, délie les cordons de sa bourse.

Voyant ses affaires en si bon train, le joaillier saisit le moment d'ouvrir un nouvel écrin. Il faut battre le fer pendant qu'il est chaud.

Le valet, qui recevra certainement tout à
l'heure, à la porte, sa petite gratification,
s'empresse de tirer les rideaux pour que le
grand jour fasse mieux chatoyer les pierres
précieuses que le rusé marchand a, pour
ainsi dire, semées autour de sa cliente comme
autant de traquenards. Elles brillent dans ses
mains, sur la table, sur les dalles mêmes de
la salle. Le sac du payeur paraît assez gonflé
pour qu'on se mette en frais de séductions.

Rien d'élégant, rien de spirituel comme la
composition de cette petite scène d'intérieur.
Tout y marche bien d'ensemble et chaque
détail a sa valeur.

Il n'a pas changé, le sens anti-féminin de
l'adage : *Dùm plorat vorat*. Tout va et tout ira de
même jusqu'à la fin des siècles entre la femme
et l'amant. Si celui-ci peut garder un reste de
jugement, qu'il regarde ce que lui coûte le
chagrin d'une jolie femme avant de l'apprécier, et il s'en trouvera bien. Mais en aura-t-il
la force ? — Non sans doute, car l'homme
grandement épris aime encore mieux paraître
dupe en de tels moments. Mais tous n'arrivent
pas heureusement à ce degré d'aveuglement
volontaire, et c'est aux demi-passionnés que
notre gravure s'adresse.

Bisogna che il savio porti il matto in spalla.

(Il convient que le sage porte le fou sur son épaule.)

Un grave philosophe semble fort en peine,
ce qui se conçoit, d'avoir ce fou sur ses épau-
les. Il plie sous le faix. Son cavalier ne fait
rien d'ailleurs pour se rendre plus léger. Il
s'agite, il tempête, ses yeux n'annoncent rien
de bon, et, le poing sur la hanche, il épe-
ronne sa monture à grands coups de marotte.

Si je ne me trompe, cela veut dire qu'une loi secrète semble avoir destiné les bons à payer éternellement pour les mauvais sur cette terre. A chaque instant, nos projets les plus sages ne sont-ils pas contrecarrés par quelque extravagant? La bonne femme n'est-elle pas trop souvent accouplée à un mari coquin, tandis que le bon mari est tourmenté par une mégère indigne du nom d'épouse? Il semble que la nature ait voulu croiser et contrebalancer incessamment la bonne et la mauvaise partie du genre humain, afin de rétablir l'équilibre moral du monde.

Two dogges strive for a bone and the third takes it away.

(Deux chiens se battent pour un os, un troisième
l'emporte).

« Encore une de ces vérités qui sont de tous
les pays, dit M. Eugène Muller dans une étude
sur le même proverbe. Le troisième larron
est devenu proverbial chez nous depuis que
le fabuliste a écrit *les Voleurs et l'âne*. Mais toutes les langues ont un adage équivalent, et
c'est celui des Anglais que l'artiste a voulu
traduire.

« Pendant que deux mâtins robustes se mordent à belles dents, un mince levrier détale, emportant l'objet de la querelle; et quand la force aura décidé de la victoire, plus d'os à ronger ! Ce sera bien la peine vraiment d'avoir combattu de la sorte ! A droite, nous voyons un pendant de cette scène : deux hommes ferraillent, sans doute en l'honneur de la dame qui est en conversation intime avec un troisième personnage. Elle ne semble avoir aucune envie de séparer les champions, au contraire... Ah ! que le duel des deux premiers est bien motivé, et que l'avantage sera grand pour celui qui aura mis six pouces de fer dans la poitrine de son adversaire ! » Mais ainsi va le monde, et les sottes rivalités continuent toujours à faire des victimes, au grand bénéfice des fripons.

Les serments faits sur un autel de plumes s'envolent au vent

La mythologie n'est plus populaire mainte-
tenant. Autrefois il n'était pas de soldat qui ne
connût Mars et qui ne fût capable de comparer à Vénus la cuisinière aimée. On se jurait
un amour sans fin sur l'autel de l'Amour ou
de l'Hyménée, allégoriquement bien entendu.
C'est l'autel en question qui figure ainsi. Sur
l'autel est jeté un lit de plumes à toile rayée,
comme on l'accommode encore de nos jours.

Mais du lit éventré s'échappe un nuage de plumes qui volent au vent en compagnie d'un serment de fidélité écrit sur un parchemin qui n'est ni plus ni moins que l'amoureux contrat. Au-dessous des deux mains unies qui le décorent commence la formule sacramentelle du serment (*En vérité de quoi, j'ai,* etc., etc.).

L'allégorie est tristement vraie. Nous ne croyons pas avoir besoin de l'expliquer. Sa moralité fait suffisamment image, et la pauvre mère abandonnée, qui poursuit son séducteur au second plan, nous édifie sur la signification du premier.

Bien que l'édredon ne compose plus nos lits comme autrefois, les serments des libertins ont conservé la légèreté de ces plumes et de cette feuille de papier représentant le signe d'alliance éternelle; — ils s'envolent toujours au premier souffle.

Paris. — Typ. A. Pougin, 13, quai Voltaire. — 7663

PARIS. — TYP. A. POUGIN, 13, QUAI VOLTAIRE